池明観

韓国史からみた日本史

北東アジア市民の連帯のために

かんよう出版

韓国史からみた日本史
―北東アジア市民の連帯のために―

目次

第一章　北東アジアの視点で考える日韓古代史

はじめに

歴史は歴史家の自己認識でもあるといえるであろう。その歴史が自己が所属する国家の歴史である場合はとりわけそうである。日本の最初の歴史が『古事記』『日本書紀』と紀元八世紀に書きとめられたとすれば、それは何よりもその当時において日本を統治していた階層が自国をどのように認識し、規定しようとしていたかを示すものであるといえよう。

『古事記』と『日本書紀』、いわゆる記紀における日本像とは対外関係においては主に中国と朝鮮に対する日本というものであった。とりわけそれは最初から朝鮮に対する日本像であったといわねばなるまい。中国と朝鮮に対して日本の支配層はその当時日本自身をどのように認識しようとしていたのか。西北にある朝鮮と中国との二国に対して日本の姿をどのように提示しようと思ったのか。そして国家主義的な対抗意識において何よりも彼らが統治する日本国民にどのような自己認識を強要しようとしていたのかを示しているわけである。

その歴史はややもすれば自国擁護、自国誇示を含みがちなものであったといわねばなるまい。過去を誇るということは、歴史とくに国史にとっては避けられない落し穴であるといえるのであるが、それが王朝の交替なしに連綿と続いた歴史であるとすれば、またはそのような歴史を構成しようとするものであったとすれば、一層このような誘惑に駆られざるをえなかったであろう。そのために中国における歴史記述が示したように歴史は多くの場合王朝交替後のつぎの新しい王朝によって編まれるべきものであり、できるだけ主観あるいは歴史的毀誉褒貶を排除した、ある意味では感情も悲哀も憎悪も加わることのない紀伝体の叙述であろうとした。

　しかし客観的真実という名のもとに主観的判断も情感も排除してしまうことは、実はその時代の真相その実体からも離れてしまうことであることはいうまでもあるまい。その時代の息吹きが伝えられない歴史とは、いかにもの足りないものであろうか。それは生きた人間の生々しい歴史ではなく単なる事実の羅列または年表的な記述に終わるかもしれない。

　韓国においては今も伝えられているもっとも古い歴史書といえば、一一四五年高麗朝においてそれに先立つ歴史を伝えた儒者金富軾《キムプシク》による紀伝体の『三国史記《サムグクサギ》』と十三世紀末の多くの仏事に関する記事を含んだ一然《イルヨン》禅師の『三国遺事《サムグクユサ》』をあげることができる。これを日本の記紀に比べることは、四世紀以上の時代の隔たり、歴史観や記述の相異または認識の違いなどのために比較することなど無理といわざるをえないであろう。それにもかかわらず、そのような試みをここであえてなさざるをえないとすれば、とくに現代史がそれを要請するようになったからだと私には思えてならない。

　日本における記紀の問題を考えるのは、それがその後の長い歴史において特別な重みを持って伝わるようになり、とりわけ明治以降の近代史においては日本の国家膨張のイデオロギーにまで動員されたからである。その意味ではそのなかに記されている多くのことがらを、今やまさに消去されるべき歴史として設定すべきであると思われる。その歴史において何がいかに解体されまた消去されるか、あるいは再解釈されるかは現代に生きるわれわれにとって特別な意味を持つのではなかろうか。これは単に日本にとって重要な作業であるのみではなく、今日の北東アジア全体にとっても意味ある作業であるのではなかろうかと思われる。かつてアーノルド・トインビーがいち早くその著『試練に立つ文明』(一九四八年)においていっているように、今は国家の歴史など一地方史と見なされるべき時代に至ったのではなかろうかと思われてならないからである。

この小論文の意図するところは、先述したように日韓の間においては今残っている最古の歴史書の記述年代が大きくずれていても、可能な限りこれらの課題を追究してみたいということである。日本における記紀そして韓国における『三国史記』と『三国遺事』とを取り上げて、その歴史記述の姿勢を中心に問題を提起してみたい。実際この古代史における歴史記述の姿勢またはそれによって示されている政治的姿勢がその後の両国の長い歴史を貫いてきたという感じを私はぬぐえないでいる。しかも今日の北東アジアの歴史においてすら日・中・韓は果たしてそのような古い歴史的姿勢をどれほど超克しようとしているのだろうかという疑念にわれわれは駆られざるをえないと思える。

日本の植民地時代を生きてきたせいであろうか、私の一生などこのような歴史的問題に翻弄されてきたような気がしてならない。そのためにここでの論議はひっきょうするに一つのささやかな歴史的問題提起として位置づけられるべきものといえよう。これからこの問題に対する本格的な研究がなされることを願ってやまない。

一　日韓の国の始まりとその先住民について

日韓両国の先史時代における先住民の存在は当然のこととして前提されねばならないであろう。

朝鮮における檀君王倹《タングンワンコム》の神話は高麗時代の一然禅師の『三国遺事』と李承休《イスンヒュ》の『帝王韻紀』に初めて登場する神話である。（注1）『三国遺事』には「古記」に曰くといって天に居た桓因《ファンイン》がその庶子桓雄《ファンウン》をしてその願いによって人間世界を「弘益人間」するために「天符印三箇」を与え、三〇〇〇名の群を率いて「太伯山」即ち今の妙香山（北朝鮮所在）の頂きにある「神檀樹下」に「神市」を開くようにしたが、これが「桓雄天皇《チョンファン》」であるという。

その時地上には「一熊一虎」が穴居していたが、桓雄は人となることを願った。そこで桓雄は「霊艾《よもぎ》」一束と「蒜《にんにく》」二〇個を食べて「不見日光百日」すれば人間の姿を着るであろうといった。熊と虎は禁忌したのであるが熊は成功して女となり、虎は失敗して人間となることができなかった。そこで熊女《ウンニョ》は桓雄と交わって檀樹の下で身ごもり「檀君王倹」を生むことになったという。この檀君は「平壌城」で即位し、初めて国を「朝鮮」と称した。そしてその国を一五〇〇年間も支配したが、中国の周の国王が箕子を朝鮮に封ずるや檀君は年一九〇八歳で「山神」となったという。（注2）

この神話については韓国では勿論のこと北朝鮮や日本においても多くの論議がなされてきたの

であるが、ここでは何よりも日本の記紀における天孫降臨の説話と韓国の檀君神話との比較においてとくにそれ以前の先住民との関係でどのようなことを発見しうるかについて考えてみたい。記紀における熊襲や蝦夷は日本民族の歴史が展開される以前、日本列島に散在していた先住民である。彼ら先住民が後からやってきた征服民によって圧服されて行く過程というのはどこでも見られた人類史の悲劇的な物語である。

『古事記』には紀元一世紀末から二世紀初めのこととして倭建命が景行天皇の命によって「西の方」の「熊曾建二人」を征服する物語（注3）と同じように蝦夷を征服する東征物語（注4）が現われている。とりわけ蝦夷のことになると書紀には斉明天皇が六五九年に遣唐使を派遣したが、その時唐の玄宗に謁見した際「蝦夷男女二人」を連れて行き玄宗に「此等蝦夷国有行方」などと問われたことが記されている。（注5）

記紀において南方の熊襲や北方の蝦夷について彼らが日本民族によって征服された先住民であるというならば、天孫降臨は、どこからか来たのか新しくやって来た渡来民族集団がかなり長い時間をかけて土着の先住民を征服していった物語であるわけである。大体応神天皇の時即ち三世紀の終り頃から四世紀の初め頃にかけて、このような日本の国土の統一がほぼ完成されたとすれば、日本建国の物語は外来民族である天照大神系の集団が九州に渡って来てから東方に向けて数世紀をかけて日本全国を征服して行った物語とならざるをえない。それは何よりも外来の大和民族が日本の先住民熊襲や蝦夷を征服したり同化したりしていった物語といわねばなるまい。それには武力が不可避的によりそったといわねばならないであろう。

この征服民族がどこからか集団をなしてやって来たかなりの武力を備えた部族であったかについては、日本の最古の歴史物語、記紀はただ天孫降臨とし、その起源についてはそれ以上明らかにしようとはしなかった。その時すでにそれを明らかにすることはできなかったのかもしれない。そして今まで日本の歴史家は大抵の場合そのことを追究しようとするよりは、天孫降臨の神話という伝統的な仮定をそのまま継承してきたといわねばならない。そして日本はこの道をかなり特異な歴史航路として、一種の神国論をもって全国民をあたかも選民でもあるかのように教化しようとしてきたといえるのではなかろうか。しかしこのような神話はどこにおいても現われうる歴史的できごとに対する単なる宗教的な意味づけに過ぎない。

日本の場合はなぜ国生みの神話をめぐってあれほど多くの神の名を思い起こさねばならなかったのであろうか。ようやく天照大神とその弟素戔嗚尊の代になると、この地上に落ちついて人間の歴史が始まるといっていいのだろうか。しかもその歴史は姉弟の対立から始まるというのである。素戔嗚尊とその子孫は日本列島の西北の地出雲に落ち着くことになるが、天照大神の子孫は「筑紫日向《つくしひむか》之高千穂《たかちほ》之久士布流多気《くじふるたけ》」に「天降《あまくだり》」（注6）することになり、やがてその力は東への道を選び出雲の勢力も支配下に置き、中部大和地方に腰を落ち着けることになる。そのためにはそれは時代を追って、東征という武力の道を選択しなければならなかった。

このような日本の建国の道に照らしてみると朝鮮はどのような建国の道をたどったといえるの

であろうか。すでにあげた『三国遺事』における檀君神話こそ朝鮮における国祖神話というべき説話である。その後朝鮮半島には新羅、高句麗、百済の三国が成立するようになる。紀元前三七年に即位したといわれる高句麗の始祖東明《ドンミョン》聖王については、中国の東北地方にあった扶余国王が大きな石の下にあった「金色蛙形」の「小児」をえてこれを太子としたが、これが成長して南下して高句麗を建国したといった。（注7）百済の始祖温祚《オンソ》王は高句麗の始祖東明聖王の子として生まれたが、王位を兄が占めると南下して紀元前一八年に百済を建国したという。（注8）新羅は紀元前五七年に建国されたといわれその始祖朴赫居世《パクヒョクコセ》居西干（居世干は王）は慶州の高墟村の村長が蘿井の森の中で発見した卵から生まれたという。（注9）

このような始祖物語は『三国史記』にも『三国遺事』にも記されており、これに類似した物語は始祖以外の君王の場合にも見られることがあるが、それは決して国家起源の物語ではなく、その国王に関係する一種のエピソード的な意味をおびているだけである。また、檀君以外の古代朝鮮史における始祖物語は、たとえそれがいかに奇異なものであっても神の物語ではなく人間の物語に過ぎない。そして朝鮮史の始祖物語は異界からやってくる支配者であっても土着している先住民との葛藤は皆無といえるほど記されていない。

彼らは山の向こう、海の向こうからほとんど単独でやって来た、土着民が祭り上げざるをえなかった優れた人物である。新たにやって来た外来の支配者ではあるが、土着民の征服者などであるよりは、土着民があがめて迎え入れた政治勢力であった。そのために朝鮮の古代史においては新たにやって来た渡来人と先住民との武力的葛藤はほとんど見当たらないといわねばなるまい。

このような日韓の国家起源の問題における相異についてどのような説明を加えることができるであろうか。

日本史においては征夷、先住民征服の物語が前提とされているのであるが、朝鮮史においてはそのようなものは欠落しているということをどのように説明しうるであろうか。この問題の中にその後の両国史の展開において見られる一種の相異の起源とでもいえるものが潜んでいるのではなかろうか。朝鮮史の始まりは高句麗・百済・新羅の三国史が新羅優位で古代統一王国を確立していく歴史にあるといえよう。日韓の歴史比較を課題として今後多くの研究がなされるべきであると思うのだが、まず重要なことの一つとして『三国史記』から一つの示唆をくみ取りたい。

『三国史記』の第一巻新羅本紀は朴赫居世を始祖として紀元前五七年から始まるのであるが、早くもその八年（紀元前五〇年）の記録には「倭人行兵、欲犯辺、聞始祖有神徳、乃還」（注10）という記事が現れてくる。倭人が軍を率いて辺境を犯そうとしたが始祖には神徳があるということを聞いて直ちに引き上げて行ったというのである。そして第二代南解次次雄《ナムヘチャチャウン》の時（紀元一四年）に「倭人遣兵船百余艘、掠海辺民戸」（注11）したが、夜の流星を恐れて後退したと記されている。この時代はまだ馬韓《マハン》、辰韓《ジンハン》、弁韓《ビョンハン》の三韓時代であり、新羅の前身辰韓はようやく原始社会を脱して部族社会に入ったといえる頃であった。（注12）この時の倭とはまだ九州北部にあった倭のことであろうかと思われる。

朝鮮の古代三国時代において一部族による領導権が確立し古代国家の主軸となる時代は北方の高句麗が一世紀から二世紀、南西部の百済が三世紀、東南部の新羅は四世紀後半の頃かとみられる。（注13）辰韓と称されていた新羅は、国家的統一という面から見れば、三国の中でもっとも後れをとっていた。新羅は国と称せられるようになってからも、六部で成りたっていた部族連盟の名残りをかなり長くとどめていたのであった。

この新羅を倭人が百餘艘の兵をもって襲おうとしたといえば、すでにその頃倭はたとえ文化的には北東アジアにおいて新羅に後れをとっていても、その武力においては新羅にまさっていたといえるであろう。この時代の倭がどこに位置していたかについては問題があるとしても、武力においては新羅にまさっていたという、このような倭との関係は近現代に至るまで長い歴史の間、変わることのなかった日韓関係ではなかったか。このために日韓関係は両国の文化と武力の不均衡の上で常に揺れ続けなければならなかった。

上古史において新羅の第四代王昔脱解《ソクタルヘ》尼師今（尼師今は王）の時代になると『三国史記』は五九年の項で「倭国結好交聘」と倭と新羅の修好を伝えた。（注14）しかし七三年には「倭人侵木出島」したので「角干羽烏」をしてこれを防ぐようにしたが彼はこれに勝てず「羽烏死之」と新羅の敗北（注15）を記さねばならなかった。こうして新羅と倭の関係は戦争と和好の繰り返しというものであったが、一七三年にはついに「倭女王卑彌乎、遣使来聘」として倭との修好を伝えた。（注16）

三〇七年、辰韓は新羅と国号を名乗るようになったが、日本と新羅の関係は揺れ続けた。そこで倭の侵攻に悩まされていた儒禮《ユレ》尼師今は倭との間のこのような不安な関係を憂えて二九五年百済とともに海を渡って倭を撃つことを図ったが、舒弗邯《ソブルハン》（最高官）の弘權《ホンクオン》がこれを「吾人不習水戦」「百済多詐」をあげて王を諌めたというのであった。（注17）これは新羅の対日関係における不利な立場をもっとも明確に語った言葉であるといえよう。こうして三一二年、訖解《ホルヘ》尼師今の代になると倭の国王からその子の結婚のために女を求められ「阿飡急利女」（注18）を送ったという記事までが現われてくる。

　度重なる倭の侵略とその脅威が続いたのであった。日本における政治勢力の中心が大和に移ってからも、日本の対新羅政策は変わることがなかった。『三国史記』によれば四〇二年には新羅の實聖《ミルソン》尼師今が日本との友好のために先代の王子未斯欣《ミサフム》を人質として倭に送った。（注19）しかし倭の侵入は絶えることがなかった。そこで四〇八年、新羅の国王實聖尼師今は対馬島に兵を送って倭を撃つことを決めようとしたが、この度も舒弗邯未斯品《ミサプム》が倭に対する「来即禦之」の政策を上申して国王はこれを受け入れたという。（注20）これはその後の朝鮮史においても繰り返さざるをえなかった伝統的な対日政策であったといっていいであろう。

　新羅も百済も日本に人質を派遣していたが、日本の人質がこれらの国にとどまっていたという記録は見られない。中国が四周に夷狄を持つ天下を描いていたとすれば、倭はそれにならって倭を中心とした天下において西にある朝鮮半島の三国または新羅を「蕃国」とした天下を描こうとしたのであった。それは中国を中心とした天下に比べれば小天下であったといえるかもしれないが。(注21)しかもそれは中国との場合とは違って何よりも文化的内容の欠けた、ある意味ではただ単に軍事的な殺伐としたものであったといえるのではなかろうか。

このような古代における朝鮮半島にあった三国または統一新羅が日本に対して「蕃国」と称しされながら自らを守ろうとしたという姿勢は、北東アジア史における日・中・韓の関係そして朝鮮半島のあり方として意味深きことであるといわねばなるまい。朝鮮は半島国家として国内において三国が対立していた時代はもとより七世紀の統一新羅以降、とくに北東アジアにおいて日中に抗することなく、いわば平和国家の道を選び、北東アジアの平和を望んだことは今日においてはとくに注目すべきことではなかろうか。このことは事大主義的な姿勢として日本統治下における民族主義的な歴史家たちからは苦い思いで回想されたのではあるが。(注22)

新羅が三国を統一する過程において唐風化の傾向をいちだんと強め仏教文化が花咲く頃になると、日本との関係もだいぶ落ち着いてくるのであった。新羅は六四九年には中国の「衣冠」を採用することにまでなった。(注23)そして眞徳《ジンドク》女王は六五〇年唐の玄宗に捧げた錦ののぼりに「止戈戎衣定、修文継百王」即ち戦いが終わり天下が安定し文治に励み百王がこれを受けつぐことにしていると書き記したのであった。(注24)このことは新羅がそれまで武力をもって百済と高句麗と争ってきたが、今や唐の支援によって勝利を収めたので、武の体制は解体して文の体制を打ち建てていくことを示したことであるといえよう。これは朝鮮が歴史的に文治国家体制を取り始めたという画期的なことであった。

眞徳女王の時、「永徽」という唐の年号を使うようになり、文武王の時代の六六四年には婦人たちの衣服も「中朝衣裳」にするようにと命じたという。（注25）新羅は唐の遠交近攻の政策と結んで百済と高句麗を排除することに成功したが、その後唐の勢力を朝鮮半島から追い出して統一新羅の時代を打ち立てることに成功した。日本に頼ろうとした百済も敗北せざるをえなかった。新羅はその生存のためにも唐との関係をできるだけ早く正常化しなければならなかった。新羅のその後の対日姿勢というのは、端的に表現すれば唐との友好関係を確保して日本から押し寄せる脅威を最大限かわそうとしたことであった。そのためにも新羅は武の解体を急がねばならなかったのであろう。それはその後、朝鮮における歴代王朝を通じての姿勢であり続けたといえるであろう。北東アジアにおいて唐の優位が続く限り朝鮮が自らの政治的生命を保つためにとらざるをえなかった外交姿勢であった。私はそれを「唐による平和」（注26）と呼び唐以後の北東アジアの状況のなかにおける有効な外交姿勢であり続けたと考えたのであるが。朝鮮は実に北東アジア三国の間が平和である限り自らの発展を望みうるという地政学的な宿命を担っているとでもいおうか。

それでは『古事記』と『日本書紀』にはこのような時代における新羅と日本の関係はどのように反映されているのであろうか。『古事記』の新羅に対する記述は何よりも『日本書紀』の場合と比べて分量的にとても少ないことに注目しなければならない。いわゆる「神功皇后の新羅親征」という『古事記』の記事は『日本書紀』のそれに比べればその五分の一にも満たない。『古事記』によればそれは「順風」に従って一気に西北の方向に進み新羅の中央に至り新羅王の降伏を受け、神功皇后の軍は「其御杖」を「新羅国主之門」に立て「墨江大神之荒御魂」を「国守神」にさせて帰国したというのであった。（注27）

この神功皇后の説話以降『古事記』には新羅人が日本に渡航してきたので「百済池」を作らせたことが記されている。まだ日本人にとっては新羅人と百済人をはっきり区別する必要がなかったのかもしれない。あるいは渡来人といえば百済人ということになっていたのであろう。（注28）これに続けて『古事記』には百済が二八四年阿知吉《あちき》師に付けて「牡馬壱疋・牝馬一疋」と「横刀及大鏡」を献上し翌年には「和邇吉師《わにきし》」が渡来して「論語十巻・千字文一巻」を「貢進」したことなどが記されている。（注29）

『古事記』にはまた「新羅国王之子」である「天之日矛《あめのひほこ》」が渡航して来たことが記された。天之日矛は玉から抜け出た「美麗嬢子」として育ったその妻を「難波《なにわ》」まで追ってきたが、そこには入れられず「多遅摩国《たじまのくに》」（但馬国）にとどまり、その地方の「女」と結婚して子孫をもうけたという物語である。（注30）この物語は『日本書紀』ではそれより二世紀半ほど前のこととして、紀元前二七年に記されているのであるが。

以上のような『古事記』に記されたことと比べれば、『日本書紀』は朝鮮半島にある三国そして統一新羅に対して一層深い関心を示したといわねばなるまい。それは素戔嗚尊が一時「新羅国」に天降りして「曾尸茂梨《そしもり》」にいたということから始まるのであった。（注31）それから天日槍のこと、神功皇后のことなどと続くのであるが、ここではとりわけ「新羅王服従の話の異伝、新羅国人が新羅王の妻を殺して天皇に謝罪する話」という『日本書紀』と『三国史記』双方に見られる記事を取り上げてみたい。（注32）

時は三世紀半ばごろである。『日本書紀』は神功皇后の「新羅親征」の時、新羅王が「為内官家、無絶朝貢」を誓ったと書いて「一云《ニハク》」としてつぎのように続けるのである。この時「新羅王」をとりこにして海辺に至り「匍匐石上」にして殺害し砂に埋め、一人を「新羅宰《みこともち》」にして留め置いて帰国したというのである。ところが「新羅王妻」はこの宰に新羅王を埋めた場所をたずね、それをさがし出しては新羅王の墓を造り、宰を王の屍身の下に埋めた。これを伝え聞いた天皇は激怒して軍を送り、「新羅国人」は恐れをなして「殺王妻以謝罪」したというのである。

どうしたことであろうか。この物語は『三国史記』巻四十五「列伝第五」「昔于老《ソクウロ》」の項に記されている。昔于老は新羅国王第十代奈解《ネヘ》尼師今（一九六―二三〇年）の子であったという。『三国史記』の物語はつぎのように伝えるのである。

昔于老は王族の一人であり、二三三年「倭人来侵」の際、「沙道」（今日の迎日《ヨンイル》）において風を利用して火をつけるという「焚賊戦艦」の戦術で倭を退けて功を建てた。しかして沾解《ジョムヘ》尼師今の治世に「倭国使臣葛那苦」がやってくると、昔于老は「早晩」あなたの国の王を「塩奴」とし王妃を炊婦とするであろうと「戯言」を弄したのであるが、「倭王聞之怒」「于道朱君」を将軍にして兵を起こした。

そこで昔于老は「倭人」にわびたが、倭軍は彼を焼き殺して撤収した。昔于老の子が第十六代の訖解《ホルへ》尼師今となった。昔干老の老妻は後日味鄒《ミチュ》王の時「倭国大臣来聘」の際国王に嘆願して「倭使臣」を酒宴に招き「其泥酔」に「壮士」をして彼を引き出させて焼き「以報前怨」した。それで倭軍はまた改めてきたが、今度は倭軍は「不克引帰」したというのであった。

歴史とはこのように日韓双方が同じ事件に対してその解釈を異にしたものであった。ただここでは『三国史記』のこの事件に対する論評ともいうべきものを紹介しておきたい。そこに『三国史記』の歴史観ともいうべきものが反映されていると思えるからである。

『三国史記』は昔于老は「為當時大臣、掌軍国事、戦必克、雖不克亦不敗」であり、「謀策」に優れていた。しかし彼は「一言」の過ちによって「以自取死、又両国交兵、其妻能報怨」したといえるが、それは正しからぬことである。もしそのようなことをしていなければ「其功業亦可録也」と論じた。これが『三国史記』の時代、高麗王朝におけるその事件に対する見解であるといわねばならないであろう。ここにそのように歴史的事件に対する武士社会と文官社会の解釈の相異があるように私は思うのであるがどうであろうか。

『日本書紀』の伝える新羅と日本の関係は常に不安きわまりのないものであった。もう一つの物語を取り上げてみることにしよう。神功皇后五年（二〇五年）のことであるというのであるが、新羅の人質、微叱許智伐旱《みしこさちほっかん》を取り戻そうとした事件のこと（注33）である。新羅王は三人の使いを派遣して朝貢し、許智伐旱が帰国しないためにその妻子は没収されて官奴になったと詐り、許智伐旱はそれを確認するために帰国したいと申し出た。

神功皇后はそれを聞き入れて葛城襲津彦《かつらぎのそつひこ》をつけて彼の帰国を許そうとした。新羅王の使臣たちは許智伐旱をいち早く帰国させてから、人形を床に寝かせて彼が病に伏しているように装うた。しかしこれが発覚して「新羅使者三人、納檻中、以火焚而殺」された。葛城襲津彦は新羅に渡って「蹈鞴津《たたらのつ》」にとどまり「草羅城《さわらのさし》」を陥れて帰ってきたと書き記した。蹈鞴津は現在の釜山の多大浦、草羅は慶尚南道の深山のことだといわれる。

ここで多少論点を変えて日本人とその先住民熊襲や蝦夷について一瞥してみたい。それらは日本人にとって日本国土の歴史の上で存在を許されぬものであった。日本人の他民族に対する厳しい姿勢はここから始まったのかもしれない。そして何よりも「天孫降臨」以来、日本人が武力優越の国づくりをしなければならなかったのはこのことに関係していたのではなかろうか。何度もそのような先住民は『日本書紀』において否定的な存在として登場するのであるが、ここでは一カ所だけとくに注目すべきエピソードとしてあげておきたい。

一方朝鮮の『三国史記』にはそのような先住民との関係がまったくといえるほど脱落しているのはどうしたことであろうか。そのことは日本史においては最初から倭が征服民族であったのに対して、朝鮮における三韓の支配者または支配民族は、単なる渡来人に過ぎなかったためであろうか。またはそのような先住民の存在のことについては朝鮮では日本の場合よりはるかに厳しく歴史から削除されたのであろうか。このことはここではただ問題として提起することにとどめたい。そして『日本書紀』にある日本の遣唐使が唐の玄宗と対話した際に現われた「蝦夷男女二人」について少し触れてみたい。

『日本書紀』によれば六〇七年の項に「大礼小野臣妹子遣於大唐」となっている。これは小野妹子を隋に送ったということである。(注34)この使節はその翌年に帰国し、それから日本と隋そしてやがて唐との間で本格的な交流が行われるようになり留学生の派遣も続くわけである。六五九年斉明天皇五年には「阿倍臣」を遣わして「率船師一百八十艘、討蝦夷国」という記事が出ている。この記録には「大饗賜禄」といわれているが、大和の王朝は蝦夷などの先住民を征伐もし懐柔もしたことがわかる。(注35)

その秋に小錦下坂合部連石布《せうきむげさかひべのむらじいはしき》・大仙下津守連吉祥《だいせんげつもりむらじさき》を唐国に使いさせた。多くの難儀をおかして唐の第三代高宗に拝謁した時のことである。「道奥蝦夷男女二人示唐天子」すると、高宗は蝦夷についていろいろとたずねる。これに対して倭の使節が彼等の間には五穀はなく肉を食し、屋舎もなく「深山之中」樹の下に住んでいると報告するところがある。そこで高宗は「朕見蝦夷身面之異、極《きはめて》理喜怪」というのである。蝦夷は「百鹿皮一・弓三・箭八十」を天子に献じたという。(注36)このように対唐関係に蝦夷を登場させたのはなぜであろうか。日本の力が東北にまで及んでいることを誇示するためであったのだろうか。

ここでこのことを取り上げるのは日本の国家成立の基礎には熊襲や蝦夷などを征服したということがあったということ、そしてその征服の蔭で彼らの多くが征服者の武力によって抹殺されたということをしめさねばならないと思うからである。このような征服国家から出発した日本は武力によって他の国を支配し収奪しようとする歴史の方向を不可避的に歩まざるをえなかったといおうか。それで日本は武士社会の道を歩むことを避けられなかったといえよう。

書紀以前の時代即ち日本国始源の時からそのような社会構築をなさざるをえなかった日本の伝統的な見方からすれば、敵・味方という分別的思考は避けられないものであったといえるのではないか。それは古代社会から近代に至るまで日本の歴史が担うべく運命づけられた道であったのではなかろうかと思うのである。このような日本の歴史は朝鮮のそれに比べれば、その国初から武力的な征服民族として天下支配の夢に生きてきたともいえよう。ある意味では日本はそのような伝承からさめきれなくて苦悩してきたのだといえばそれはいい過ぎであろうか。

二　百済と新羅の対立と日本

日本と高句麗（『日本書紀』においては高麗）の往来については『三国史記』の記すところとはならなかった。そのためにこの章ではまず『三国史記』の「百済本紀」に記されている日本との関係の記述を拾ってみることにしたい。

　百済からは阿莘《アシン》王六年（三九七年）に「王與倭国結好、以太子腆支《デンシ》為質」とあるように腆支太子が人質として日本に送り出されるようになる。阿莘王の晩年四〇二年になると「遣使倭国求大珠」し、つぎの年には「倭国使者至、王迎労之特厚」と友好が続くこととなる。四〇五年に阿莘王が薨ずると腆支は日本から呼び戻されて王位につくはずであったが、政変のため数か月遅れて王位を継承することになった。『三国史記』はこのことについて「倭王以兵士百人護送」とまで記している。この腆支王五年（四〇九年）には「倭国遣使送夜明珠、王優禮待之」、一四年には百済から「遣使倭国、送白綿十匹」と倭と百済の友好関係は続いた。（注37）『三国史記』には朝鮮半島の三国の間に抗争が絶えないのを憂えて唐が百済の遣唐使節に三国間の平和を強く求めたことが記されている。（注38）

　百済の最後について少し記さねばなるまい。義慈王は百済最後の王であるが、新羅と交戦を繰り返しながら唐に度重ねて使臣を送った。唐は新羅と百済の間における平和を望んだのであるが、その対立と抗争は激しくなるばかりであった。このような時、六五三年に百済は「王與倭国通好」と『三国史記』には記されている。（注39）

　しかし史記は続けて百済では「有一鬼入宮中、大呼百済亡百済亡」と凶兆が続いたと記録した。この鬼が地中に入り込んだので人をして地を掘らせると、一匹の亀を発見したが、その背には「百済同月輪、新羅如月新」と書かれていたという。巫者はそれを百済の没落と新羅の興隆を

指すであろうと答えて、義慈王に殺害されたという。（注40）

実はこの年、六六〇年に唐の高宗は新羅に味方し蘇定方をして一三万の軍を率いて新羅の金《キム》庾信《ユシン》の五万の軍と一つになり百済を滅ぼした。『三国史記』は百済の滅亡を論じて百済は高句麗と「連和」して新羅を侵し「非所謂親仁善隣国之宝也」であったからといった。そして唐の天子が二度も「詔」を発してその怨みを忘れるようにと促したが、百済は「陽従而陰違之、以獲罪於大国、其亡也亦宜矣」陽においては従い陰においては背き、大国に罪をえて滅んで当然であると断じたのであった。（注41）ここに『三国史記』が伝える高麗朝における朝鮮半島平和論ともいうべきものをかいま見ることができるといえよう。それは朝鮮は中国の支配下において平和を志向することを目ざさねばならないということであった。これこそ六六〇年代において百済と高句麗を滅ぼした統一新羅以降長いこと朝鮮史が目ざした北東アジア平和論であるといっていいであろう。

新羅の金春秋《キムチュンチュ》即ち太宗武烈王《ムヨル》（六五四—六六一年）が王位につく前から統一新羅という国家目標のためにいかに奔走し、そしてそれ以後の国王たちがその道を継承したかについてはすでに前章において言及した。新羅が唐風化を進め、脱軍事化を図り、いわば文明化の道を進み唐の脅威とは決してならないと新羅の方向を決定しようとしたかについても述べてきた。しかしその一方で新羅にとってはもう一方の東からの倭の脅威が続いたのである。武烈王をついだ文武王《ムンム》（六六一—六八一年）はその父に劣らず優れた君主として高句麗を滅亡させ（六六八年）、三国統一の偉業を完成させたといえる。

ここで朝鮮半島が運命的にかかえている東方日本との関係について言及しなければなるまい。『三国史記』には文武王一〇年（六七〇年）の項に「倭国更號日本、自言、近日所出以為名」とでている。新羅は百済と高句麗を滅ぼしてからは西の唐と東の日本について常に脅威を感じなければならなかった。唐とは文化的な対応が可能であったが、日本とは軍事的対応以外にどのような道がありえたであろうか。史記は文武王の死と関連してつぎのような説話を書き残したのであった。

六八一年文武王は亡くなるのであるが、かれは遺言を通して「東海口大石上」に葬られることを願い、「俗伝王化為龍」といわれ、その海中の石は「大王石」と呼ばれた。その「遺詔」の中で彼は三国統一のための彼の労苦を思い返しながら、今や兵器を「農器」とし民をして「仁寿」の下に暮らすようにし、徭役が軽くなり、「民間安堵、域内無虞」などとそれこそ文治の世の中になったことを喜んだ。（注42）東海の海の中において彼の遺灰を守る「大王石」下の「龍」とはとくに東からの日本の侵入に対する護国のためであったと、長く伝承として伝えられてきた。

百済が滅亡する時にやって来た日本からの援軍については史記は新羅本紀の中、文武王の記録につぎのように軽く記しているだけである。六六八年、唐と新羅の連合軍が周留城（韓山）に至った頃であった。「此時倭国船兵、来助百済、倭船千艘、停在白沙、百済精騎、岸上守船」（注43）

『三国史記』は新羅と百済と倭の関係を年表的にではあっても、かなり詳しく記してきたといえるであろう。前章において述べたように倭は新羅に対して紀元前五〇年すでに軍事的脅威となっていた。これに対し、百済については阿莘《アシン》王六年（三九七年）の項に「王與倭国結好、以太子腆支為質」と記したのであった。百済と倭の関係は史記によれば新羅との関係に比べて四世紀半近く遅れてであった。しかも新羅の場合は対立的触れ合いであり、百済の場合は一種の友好的な触れ合いであった。これは七世紀なかば過ぎに百済が滅ぶまで長い間本質的に変わらなかったといえるであろう。

　このようなことを含めて、新羅の朝鮮半島統一以後八世紀に書かれた『古事記』と『日本書紀』における対朝鮮問題へと立ち帰って検討してみたい。

『古事記』には朝鮮に関連する歴史として「神功皇后の新羅親征」という記事（注44）がもっとも先に記されている。それは二〇〇年のこととなっているが、その後に「新羅国王之子」「天之日矛」が紀元前二七年に来日したという記事（注45）が出てくるのであるが、神功皇后は実は天之日矛の子孫として生まれたことになっている。このことは神功皇后と新羅との関わりは必然的であったとほのめかそうとしたものであると考えられる。（注46）

　つぎには允恭天皇即位の時（四一二年）「新良《しらき》国王」が「貢進御調八十一艘」したということである。この時「御調之大使」「金波鎮漢紀武《こむはちにかにきむ》」が「薬方《くすりのみち》」に詳しいので「治差帝皇之御病」したという。（注47）この程度が『古事記』に記されている新羅と倭の関係史であるといえよう。

百済と倭との関係ということになると、まず応神天皇の時、百済の照古王が二八三年に「牡馬壱疋・牝馬壱疋、付阿知吉師以貢上」などとなっているが、これは『三国史記』には見えないし、「百済国主照古王」も見当たらない。その翌年には天皇の要請によって「和邇吉師《わにきし》」がやってきて「論語十巻・千字文一巻」を「貢進」したというのであった。（注48）

『古事記』が伝える百済との間における以上のような交流は『日本書紀』の記述に比べれば実に貧弱なものといえる。この点からすれば『日本書紀』は新羅や百済などとの外交的記事において『古事記』よりはるかに意識的であったといわねばならない。

『日本書紀』によれば紀元前三三年の頃に倭に対する「任那国遣蘇那曷叱知《そなかしち》会朝貢也」となっている。任那は「去筑紫国二千餘里、北阻海以在鶏林之西南」と即ち新羅の西南にあったとすれば（注49）任那国は伽耶のことであろう。『日本書紀』は蘇那曷叱知が倭から賜わった「赤絹一百匹」をその帰国の途中新羅人によって奪われたという。それによって「其二国之怨、始起於是時也」（注50）と書紀には書かれている。

『日本書紀』においては紀元前二七年新羅の王子天日槍の来朝以降は、倭や新羅や百済と関係した記事は見られないが、二〇〇年になると突如神功皇后の「新羅親征」（注51）という記事に出くわすことになる。この「親征」について書紀は『古事記』と違ってかなり詳しく物語を展開している。

『日本書紀』における神功皇后の記事の大半を占めるのが『新羅親征』という説話であると

いっていいであろう。その中で百済の倭への貢物が新羅によって奪われたことが報告されて「新羅再征討」(注52)ということになる。ここにその詳細を引用することは避けるが、何よりも『古事記』においては「神功皇后の新羅親征」は原文で七行くらいであったのに比して『古事記』とほとんど同時代の著であるにもかかわらず『日本書紀』は一五〇行以上を費やして記録したのはなぜであろうかと問題を提起せざるをえない。

『古事記』では神功皇后は仲哀天皇の后となっているだけで新羅との関連記事にだけその名は現われてくるのである。しかし『日本書紀』においては神功皇后は仲哀天皇と応神天皇をつなぐ天皇の位ともいうべき独立の地位を占めているのである。このことの背後にある歴史的作為はどのような意味を持つのだろうか。何よりもこの記事において見られる書紀の新羅と百済に対する記述はその姿勢をはっきりと異にしているといわねばならない。新羅は神功皇后と交わしたという約束を忠実に守らないばかりでなく百済の日本との交流を妨害するのである。日本ももちろん新羅に対する姿勢は機会があれば侵略するというのであった。このように古代における朝鮮半島と日本との関係は実に危いものであったといわねばなるまい。そのような関係は朝鮮半島の三国に対する日本の武力的優位において成立した関係であることはいうまでもない。

前章で触れたように『三国史記』は新羅の三国統一以前のことであるが、倭の侵入に耐えかねて新羅が「倭国征伐」を考えた事すらあったと伝えた。しかし新羅が選んだ道はますます唐へと傾斜して朝鮮内における三国の中で優位を保ち、倭の侵略に抵抗して自らを守るということであった。これは朝鮮が地政学的に選択せざるをえなかった道であったといえよう。

『三国史記』は新羅本紀第一にある紀元前五〇年から度々倭の侵犯のことを記入しなければならなかった。紀元前後の航海の難しかった時代にはその頻度はそれほど激しいものではなかったが、時代が進むにつれてそれは増してきたといわねばならない。倭は紀元一四年にまた侵入、それで五九年には倭と修好したかと思うと、七三年には倭の木出島侵入、そして一二一年には「倭人侵東辺」と続いた。それで一七三年には「倭女王卑彌呼」が使者を送って修好となったが、倭の新羅への侵入または脅威は潜在的になることはあっても減ることはなく、むしろ増える一方であった。これとは違って『三国史記』は百済については三九七年に「王與倭国結好、以太子腆支為質」と書いて倭との友好的な関係が続けられたことを書き記したのであった。

『古事記』には二〇〇年の項に「神功皇后の新羅親征」という記事が現われる。『日本書紀』はそのことを含めて神功皇后の年代に「新羅親征」(注53)などと新羅と百済に関連する実に多くのことがらについて書き入れた。しかもそれは百済に関することに言及はしているものの主に新羅に関連した事であるが、『新羅再征討』まで含めると、書記には『古事記』における神功皇后の新羅関連記事に比べれば二〇倍以上の記事がはいっていることになる。『古事記』においては「神功皇后の新羅親征」という事項は仲哀天皇記の一部として含まれているのに『日本書紀』においてはその記事の二〇倍以上の分量を新羅と倭の烈しい対立関係について書き記すのに使っているわけである。しかも書紀においては「気長足姫尊《おきながたらしひめのみこと》神功皇后」として天皇記と同じように取り扱うのである。神功皇后の巻が特別に設けられたのは神功皇后の「熊襲征討」と「新羅親征」という二つの軍事行動について記すためであったといわねばならない。そして「熊襲征討」についいては「新羅親征」の五分の一程度の記事に過ぎない。そこで書紀が神功皇后の「新羅親征」「新羅再征討」の記録にそれほど重点をおいた意味を考える必要があるように思われる。

書紀のこの記録は研究者によってその事実であることが疑われているものであるが（注54）、そこに記録されているものはある事実を反映しているものとしてさまざまな解釈を呼び起こすのではなかろうか。何よりも書紀は百済への倭の助力を支持し、新羅とは対立しようとする。そしてこの対立している新羅をも「内官家」即ち貢納国として設定する。歴史の中にそのような作為が挿入されたというならば、書紀記述の時代にそのような歴史的作為の必要または理由があったといわねばならない。

歴史的作為というのは、歴史的事実ではないある歴史がその時代の倭の意識の中に虚構であるにもかかわらず設定されたということである。つまり神功皇后の「新羅親征」は日本の朝鮮支配という虚構を歴史のなかに挿入することであったといわざるをえない。そしてその虚構が実は日本の近代に至るまで継承され強調されたことを思い起こさざるをえない。

『日本書紀』によれば仲哀天皇は二〇〇年に五二歳で亡くなったが、神功皇后は二六九年一〇〇で歳亡くなる。この長い年月の間神功皇后は新羅と百済の問題に集中したといえるのであろうか。そこに見られる新羅と百済の対倭姿勢の相異においてわれわれは何をくみ取ることができるのか。それから百済がその滅亡に至るまで日本との間で保ち続けた従属的な友好関係は何を意味したといえるのか。当時の北東アジアの状況において倭と結んだ百済の選択は結局唐に頼った新羅との抗争において敗北せざるをえなかった間違った選択であったといえるのであった。

朝鮮半島の歴史はその後統一新羅、高麗そして朝鮮王朝と支配王朝が変わっていくわけである。しかし朝鮮は伝統でもあるが如く中国傾斜を続けるのである。王朝が変わっても統一新羅以降は古代軍事国家を解体して、軍事においてはその多くを中国歴代政権に頼るようになる。それで日本が観念的にその日本中心の天下において朝鮮を蕃国として位置づけるとしても、実際的には日本の侵入から朝鮮は安全であることができた。しかし日本の思考においては朝鮮または北東アジアの歴史的変化に左右されることなく、新羅即ち朝鮮が蕃国であり続けたというこの歴史の固定化は長いこと変化することがなかったといわねばならない。軍事的にのみながめる『日本書紀』における朝鮮観の日本史的な継承その連続に、驚異を感じざるをえない。

豊臣秀吉の朝鮮侵略という一六世紀末の歴史的破綻においても、この幻想この虚構は変化しないだけではなくかえって強化されたと思えてならない。ただその後徳川三〇〇年の歴史の間はそのような朝鮮観は抑制されたといえるかもしれない。そこで徳川時代を否定する歴史の台頭とともに朝鮮侵略という日本史的な幻想が蘇生し現実化されたというべきであろう。日本の歴史に潜んでいるこのようなリアリティに反する歴史的虚構というものをここにおいても問題にしなければなるまい。

このように他国を軍事的な力で評価しそれに対応しようとする姿勢は、日本史の底流として流れ、時にはそれが隆起したり拡大されたりするかと思うと時には潜伏して時を待つ姿勢をしめしたと考えればどうであろうか。日本は平和とか協力とか文化とかに関係することなく常に力において新羅または朝鮮をただ蕃国として位置づけ、日本に隷従すべき国であると考えた。そのような姿勢はやがて新羅が三国を統一して唐による北東アジア平和の時代が訪れると潜伏を強いられざるをえなかった。中国と朝鮮との間における天下と蕃国の関係と日本が描く天下における新羅は蕃国であるという構図（注55）を、その内実に関する考察を抜きにして同一なものと見る歴史に対する羅列的年表的な思考は、新たに深く考察されねばならないであろう。

『日本書紀』の神功皇后の記事において朝鮮または新羅と百済とくに新羅が集中的に表示されたという歴史的伝承は、日本史を近代に至るまで貫いた思想であったことは、今日北東アジアの平和を考えなければならないわれわれにとっては重要な問題であるといわねばなるまい。ミシェル・フーコーのように歴史における消去（注56）のことを問題にせざるをえないとすれば、われわれは神功皇后における「神助により新羅親征」「新羅再征討」というのは実に重要な意味を持っているものとして再検討せざるをえないものであるといえよう。

三　日本史における朝鮮史像の伝承について

自己について語るということは常に他に対して自己を設定するということを意味するであろう。自国について語ることは他国を前にして自分の国について語ることであり、王朝交替の場合はしばしば他の王朝に比べて自らの王朝について語ることであった。書き記された歴史が持つこのような弁証論的な性格を考えると、北東アジア三国がいかなる歴史を書いてきたかは今日のわれわれにとって重要な問題とならざるをえない。今まではどのような歴史を語ってきたのか、これからはまたいかなる歴史を語ろうとするのか。このように考えると、その歴史は北東アジア全体のこれからの生き方と関連してくるであろう。

そのような意味での歴史について今までわれわれは十分考えてきたのであろうか。北東アジアの将来に平和と繁栄の歴史を描くとすれば、今までのそれぞれの歴史はどのようなものであったと語ることができるのであろうか。歴史とはこのように未来から問われるものであることを念頭に置きながら、ここでは日本のこれまでに記述された歴史の一端に触れてみることにしたい。北東アジア三国の歴史記述のすべてについて考え直してみるべきであるが、そのような課題を身に引き受けるには私に与えられた余裕はあまりにも少ない。それでも以下素描的な試みをしてみたい。

日・中・韓の歴史について、とりわけ日中の古代の歴史観を比較するとすれば、中国は天下を中国中心に設定し、その四周には蕃国が位置するものと考えたのに対して、日本はこれにならって天下の中心に日本を置いてただ蕃国としては新羅のみを置く構図を考えた。（注57）日本の場合はそのような歴史認識を古代において設定して以来、その意識は解体されることなくただ成長させてきたといってはどうであろうか。『古事記』と『日本書紀』が日本史のモデルとして独占的に継承されてきた歴史は一つの驚きであるといわねばならない。日本はどうしてそのような道をたどることができたのであろうか。それは新羅から文化を導入しながらもそれを蕃国と位置づけるという変わらない構図であったとすればそれはどうしてであろうか。

歴史意識とはわれわれの国民的願望から引き離されるものではない。武士社会とは他者を征服して自己の勢力範囲を拡大したいという願望から容易に引き離されるものではあるまい。征服されるべき国は常に野蛮であると設定される。歴史意識の歴史的伝承とでもいえようか、日本の歴史はほとんど神話の時代から武士社会を志向してきたのに比して朝鮮は文官社会を志向したことは勿論、実は新羅の古代から特に三国統一以後の歴史においては武装を解除した社会を志向してきた。それは単に新羅の理念的な姿勢によって始まったことではなく、新羅が地政学的に志向せざるをえなかった、中国を中心とした「唐による平和」（注58）ともいうべきリアリスティックな北東アジアの政治的構図から来たものであったといえよう。

そこで日本と朝鮮の描いた国家像即ちその国民が求めた、あるいは統治層がその国民に与えようとした国家像の相異を私は問題にしてきた。中国の強大な力に依存したいと思いながら、中国によって東方君子の国と呼ばれることに喜びを見出そうとした朝鮮の歴史的な生き方にも注目した。そして常にそのような国と国民がたどる歴史的な運命を、とりわけそのモデルとなってきた国家が近代の嵐の中でその力を失った時の悲劇をたずねながら、そのような国と国民の生き方がとくに今日のような世界においてはどのような意味をもつのだろうかとさがし求めようとしてきたといえるかもしれない。

そのような視点で記紀即ち『古事記』と『日本書紀』を問題にしてきたが、その後の日本における歴史書、たとえば韓国の『三国史記』または『三国遺事』とそれほど隔たりのない中世の北畠親房の『神皇正統記』(一三三九年)を初めとして近世の本居宣長の『古事記伝』(一七九八年)林子平の『海国兵談』(一七九一年)頼山陽の『日本政記』(一八四五年)などにおいて、彼らは日本の歴史を北東アジア史との関連においてどのように記述しようとしたのだろうか。北畠親房(一二九三—一三五四)の『神皇正統記』の冒頭の言葉はつぎのような一節で始まる。「大日本《おほやまと》者神国《はかみのくに》也。天祖《あまつみおや》ハジメテ基《もとゐ》ヲヒラキ、日神《ひのかみ》ナガク統《とう》ヲ傳《つたへ》給フ。我《わが》国ノミ此事アリ。異朝《いてう》ニハ其タグヒナシ。此故ニ神国《かみのくに》ト云《いふ》也。」(注59)

『神皇正統記』は南北朝の王位争いにおいて南朝の正当性を主張しようとした政治論である以上、その歴史を見る目は北東アジア史に及ぶことがほとんどなかった。そこで主張されたことは、日本が神国であり日本の支配者は天から由来しているということであった。このことは「異朝」には見られないことであり、天皇の流れが武士の抗争の中において失われることがあってはならないということであった。これは他には見られない特異な体制として超越的な力によって守られる秩序であるから揺らぎがあってはならないのだと。この主張は日本の天皇制を万世一系とする伝統を強く支えたものとして、とくに近代に至っては日本の天皇制を支えた宣言として重宝がられた。しかしそれは国内的には成功したかもしれないが、国際的には無理であったといわねばなるまい。

『神皇正統記』は国内の権力闘争の中で天皇制を擁護するためのものであった。それは記紀の場合とは違って日本の国外にある敵を見るのではなく国内にある数々の敵を念頭に置いたのであった。その意味で『神皇正統記』における歴史的舞台はしごく単純なものであったといわねばならない。そのために朝鮮半島に向けては神功皇后に関してごく簡単につぎのように述べているのである。いかにも中世的な国内向けの一言であったといえよう。

「カクテ新羅・百済・高麗ヲウチシタガヘ給キ。海神《うみのかみ》カタチヲアラハシ、御船ヲハサミマボリ申シカバ、思《おもひ》ノ如ク彼国ヲ平《たひら》ゲ給。」（注60）

本居宣長（一七三〇―一八〇一）については何よりも『古事記伝』において記紀を継承しながらも批判的な姿勢を明確に打ち出したことをあげねばならない。「漢籍意《からぶみこころ》のきたなきを且々《かつ〴〵》もさとれる人」、賀茂真淵の出現を喜ぶことをほとんどその冒頭に記して、本居宣長は「其ノ漢意《からごころ》の惑《マドヒ》を」さまして「大御国の古意《イニシヘココロ》」を呼び起こし「皇国《ミクニ》の学問《モノマナビ》の道しるべ」にしようとした。

それでこそ「古学《イニシヘマナビ》の正しき道路《ミチ》」を知りうるというのであった。（注61）

「すべて漢意《カラゴコロ》の説《コト》は、理深《コトワリフカ》げにて、人の心に入りやすく、惑いやすき物なれば、彼ノの紀を看《ミ》む人、つねに此意をなわすれそゆめ」（注62）

こうしてそれまで日本を中心として新羅を蕃国としていた時代像を描くことで自らをややもすれば中国的天下に対して劣れるものとして位置づけていたことに対して『古事記伝』は「皇国」のそれからの離脱またはそこにおける優越を意識的に宣言しようとした。これが日本の古代ナショナリズムから近世ナショナリズムへの転換を意味したことは論をまたないといえよう。

こうして本居宣長は記紀が「伊邪那岐ノ命伊邪那美ノ命と申す神は、たゞ假《カリ》に名を設けたる物にして、實《マコト》は陰陽造化をさしていへるぞと心得るから」であると「漢意《カラゴコロ》に奪《ウバ》はれはて、、まことの道立《タチ》がたければなり」と批判した。このような「漢籍説《カラブミゴト》に惑《マド》へる心」を離れて即ち「漢籍心《カラブミゴコロ》を清く洗《アラ》ひ去《サリ》て」「陰陽も太極無極も、何《ナニ》の益もなきいたづら説《ゴト》」と排除して「天照大神は日ノ神に坐《マシ》まして女神、月夜見ノ命は、月ノ神にして男神に坐《マシ》ます、是レを以て、陰陽といふことの、まことの理にかなはず、古ヘノ傳へに背《ソム》けることをさとるべし」と強調したのであった。（注63）

「漢文の格《サマ》にかける書を、其ノ隨《ママ》に訓《ヨミ》たらむにはいかでかは古の言語を知リて其ノ代のありさまをも知ルべきぞ、古き歌どもを見て、皇国の古ヘの意言《ココロコトバ》の、漢のさまと甚《イタ》く異なりけることを、おしはかり知ルべし。」（注64）

こうして古事記がいまだ日本の仮名のなかった時代に漢字混りの和漢文の「訓法《よみざま》の事」に頼ったことを、本居宣長はその労苦を思いつつも、批判したのであった。このような姿勢はあるいは『古事記伝』の実証的な姿勢として高く評価しなければならないのかもしれないが、それは「世ノ人たヾ漢籍意《カラブミゴコロ》にのみなづみて、大御国の古意《イニシヘココロ》を忘れはてたれば」（注65）と恐れたからのことであった。こうして彼は『古事記』を新たに読み直さねばならなかった。

ここにおいて本居宣長は古い日本的なナショナリズムをつき進めて、何よりも中国に対する姿勢の変わった、いわば日本的な近代的ナショナリズムの萌芽ともいうべきものを生み出そうとしたわけである。それは徳川幕藩体制によって抑制されてきた古き日本のナショナリズムの復活に拍車をかけたことになったといえるのではなかろうか。

「後ノ世にくだりては、漢文の詞つきを、返リて美麗《ウルハ》しと聞て、皇国の雅言《ミヤビゴト》の美麗《ウルハシ》しきをば、たづぬる人もなくなりぬるは、いともいとも悲しきわざなりけり。」（注66）

ここにわれわれは本居宣長における近世的国民的自覚と自国に対する美化そして脱中国、一種の脱亜を発見するようになる。そこで日本における近代的自覚即ち国民的意識は本居宣長に連なり脱亜の道を選択し「皇国」を美化し、脱亜入欧の道を歩むようになるのであろう。ただ一言本居宣長の場合においては近代における日本の実際的な凶暴なナショナリズムとは違って、まだ学問的な実証的な姿勢を失わず記紀に対して可能な限り批判的であろうとしたことをあげておきたい。

その一例として神功皇后の「新羅親征」ということに対して本居宣長が言及したことをあげることができるであろう。書紀があげた日数では高麗・百済までが「永称西蕃、不絶朝貢」と神功皇后に約するということは無理であろうというのであった。そこで「かの此ノ談の高麗百済二国王云々は、撰者の加語《クハヘゴトゴ》なるほどをさとるべし」といった。しかしそれはつぎの応神朝に二国との関係を引き延ばすことに過ぎなかった。（注67）それほどが本居宣長において芽生えた新しいナショナリズムが八世紀の古きナショナリズムに対して示しえた実証的姿勢の一端ではなかったかと思われる。

林子平（一七三八―一七九三）の『海國兵談』を読めば、その序論からして「海國」である日本を取り巻く隣国の状況が浮きぼりにされていることに驚かざるをえない。かつての中国より今はロシアを初めとしてヨーロッパの勢いの前に日本はさらされている。林子平は中国の「力戦に鈍《ニラ》キ事」を見抜き「歐羅巴の諸国は大小の火器を専トして、其外の飛道具甚多シ」などとヨーロッパからの脅威に警告を発し「文武相兼て其精に至事を得ば、即邦家を安シ海國を保護する一助となるべし」と「日本武備志」を提起したのであった。（注68）

第一巻では「水戦」について述べヨーロッパにならった現代的な「武備」について論じるのであるが、第二巻では「陸戦」を説き、第三巻では「軍法付物見」について論じるといっては「貝太鼓を聞時ハ、前に剣《ツルギ》の山ありとも進ムべし。進マざる者ハ斬棄也」（注69）と斬刑に当たる行為を二〇カ条以上もあげている。そして「敵の主将を討たる者ハ上功也」（注70）などと賞すべき場合を一四カ条もあげるのである。「物見」とは守備とか偵察のことであろうか。ほとんど二〇カ条をあげている。第四巻では「戦畧」を第五巻では「夜軍」そして第六巻以下では戦うことを前提とした人材の登用などについて述べる。それから軍事に必要な「野陣」「攻具」「操練」などほとんどの分野について詳細に述べている。最後の第十六巻では「急用馬薬」のことについてまで入念に記載しているが、ここで「國家経済」のことまで論じてしめくくるのである。西欧の帝国主義が迫ってくるこの時代にアジアの他のどこにこのような軍事的抵抗ののろしをあげようと計った国があっただろうかと思わざるをえない。林子平はこの最後の巻のほとんど冒頭において（注71）つぎのように述べた。

「神武帝、始て一統の業を成て人統を立給しより、神功皇后三韓を臣服せしめ、太閤の朝鮮を討伐して、今の世迄も本邦に服従せしむる事など、皆武徳の輝《カガヤケ》ル所也。然ルニ物本末あり。文は武の本也。」

　十八世紀の林子平にとっては、朝鮮はすでに日本に臣服している国であるというのか。いわゆる記紀伝承という三世紀初めにおける神功皇后の「新羅征討」がこのように日本の歴史に生かされていたといわねばならない。また十六世紀末の「壬辰倭乱」即ち豊臣秀吉の「朝鮮出兵」も同じことであるというのである。それは日本が敗北また失敗して朝鮮から撤退した歴史ではなく、日本が勝利して朝鮮が日本に服属した歴史であるというのであろう。歴史的事実としては朝鮮が厳然たる独立を保っていたのにもかかわらずである。このように日本の歴史における「日本の植民地朝鮮」は観念的には何と記紀の時代から生き続けてきたといわねばなるまい。

このことは『海國兵談』の中において重みを持って言及されたことではない。巻末の「署書」に記されていることに過ぎない。「文武両全」を強調して神功皇后のいわゆる「新羅征討」といわれるものを、これからの日本の有るべき姿即ち「武徳の輝《カガヤケ》ル所」として提示したことであるにすぎないといえよう。（注72）そこでは文は武の本ではなく文は武の下であったであろう。ここにおいても記紀以来の朝鮮に関する虚構の歴史像が、豊臣秀吉の壬辰倭乱をへてさらに継承されたことを確認せざるをえないといえよう。

日本史においてはこのように八世紀の記紀以来、日本の天下における「蕃国新羅」という観念的歴史観が根強く継承された。その朝鮮観は実際においてどのような歴史が展開されようと、日本における朝鮮像として近代日本に至るまで、時代によってはより強化されたりしながら生き続けてきたといわねばなるまい。即ち日本における歴史像とはその天皇制の場合がそうであったように、一度樹立されれば状況の変化によって強化されることはあっても消去されることなく続いて来たことを示すものであると思わざるをえない。

頼山陽（一七八〇—一八三二）の遺著『日本政記』によれば彼の日本史における対韓姿勢は明白であるといわざるをえない。継体天皇の時（五二九年）新羅が任那を侵したことに対する「論

賛」において彼はつぎのように記したのであった。（注73）

「国朝の三韓を服するは、洵《まこと》に不世《ふせい》の功なり。然れども、爾後、我が務となす所以は三韓に在り。貢を闕《か》けば、即ち責めざるを得ず。責めて服せずんば、即ち伐たざるを得ず。」

この「論賛」において頼山陽は「上古の史は、三韓の事半ばに居る」といって、これに対する姿勢はただ「上下心を同じくし、国《くに》一人の如くして外国を処置す」というものであるべきことを強調した。七世紀以降即ち朝鮮半島が新羅の統一の下で平和を樹立し唐との間で絆を固くするに及んで日本は朝鮮半島に対する関心を抑え、すでに述べたように一種の「唐による平和」ともいうべき北東アジアの安定に参与しなければならなかった。『日本政記』も新羅との関係について記すことなく、それ以降は日本国内のことに集中した。

こうしてようやく豊臣秀吉の登場となると日本国内の統一に目鼻がつくようになる。『日本政記』は後陽成天皇の代になり、豊臣秀吉が日本国内において東伐、西伐と成功を収め、ついに一五九〇年朝鮮通信使を引見するようになると、つぎのように記している。「この歳、朝鮮王李昖《りえん》（注：宣祖）、使を遣はして来聘す。これより先、秀吉、朝鮮の来らざるを怒り、これを討たんと欲す。先ず宗義智《そうよしとし》をして、往きて諭さしむ。ここに於いて、使者来り、書及び方物を献ず。秀吉、報書し、それをして我を導きて、明を攻めしめんとす。昖、終に答へず。」（注74）

朝鮮の宣祖は明を攻めようとする豊臣秀吉の意図に同意しようとはしなかったのである。その翌年も豊臣秀吉は宗義智を朝鮮に遣わすが、朝鮮は彼の意に従おうとしなかった。ここに朝鮮でいう壬辰倭乱が勃発するのであるが、頼山陽の論賛からその一節を引用することにしたい。

「朝鮮と我れと、大海を隔絶し、本相干渉せず。彼れ未だ嘗て釁《きん》を我れに啓《ひら》かずして、我れ故なくしてこれを撃つ。ここを以て、我将士、彼れを怒るの心なくして、太閤のなす所を直とせず。曰く、何の故に、これを撃ち、何の故に我れをして瘡痍を裹《つつ》み、妻孥《さいど》に離れ、遠く大海を渡《わた》りて、骨を未だ嘗て識らざるの地に暴《さら》さしむるかと。これその一たび勝つも、その鋒、遂に鈍退して振はざる所以なり」(注75)

近世の世になるとまず朝鮮にまでのびていた中国の力は弱くなる。そこで今までの北東アジアにおける均衡は破れ日本が優位に立つことになり、北東アジアにおける対立と争闘の世が始まる。しかしそれはまだ一六世紀末においては時期尚早であったといわねばなるまい。それに対して頼山陽はただ以上のような軍事的論賛を加えることができただけであった。豊臣秀吉は破れてもその夢は日本の近代へと引きつがれていったではないか。

豊臣秀吉の朝鮮出兵に対する頼山陽の以上のような批判はどのように受け入れるべきであろうか。徳川幕府三〇〇年はこの論賛と同じような姿勢で日本の内治に集中した時代であるといえよう。それでは明治以降日本が再び武士社会の伝統を誇りにしようとした時代は、今日の日本と北東アジアにとってどのような意味を持つのであろうかと反省せざるをえないといえるかもしれない。武の社会という伝統は力の強弱によって勝敗は常に繰り返されるものであり、とこしえの平和を共に築き上げるということは幻に過ぎないという歴史に対する悲観論的なリアリズムから離れることができないものであったような気がしてならない。

そして何よりも先にあげた頼山陽の三韓に対する「責めて服せずんば、即ち伐たざるを得ず云々」のことばはこのような文禄・慶長の役に関する彼のことばとどのようにかみ合うのかと問わざるをえないのではなかろうか。文禄・慶長の役に関する彼のこのような抑制的なことばは豊臣秀吉の大陸侵略という野望が挫かれてようやく可能になった徳川政権が続く限り許された日本の大陸侵攻への夢の保留という事態の反映であったと解釈されうるのではなかろうか。

結びにかえて

日韓の比較思想史、できれば日・中・韓の比較思想史は必ず書かれるべきものであり、いつかは書かれるものと信じて疑わない。自国の歴史を北東アジア史の中に位置づけて学ぶ時代をわれわれは共同で求めて行かねばなるまい。それこそ北東アジアの平和のための歴史ということができるであろう。このような歴史を求めるという時代の要請がこれからますます盛んにならざるをえないであろうと思いながら、私もそれに参加できればと思った。それが実は自国の歴史をも正しく理解する道であるということはいうまでもあるまい。

このような歴史をさらに追究していくには私はあまりにも年老いてしまった。その一端をこのような形でまとめ上げるためにも、及ばぬ力の限界にぶつかって何度も筆を中断しなければならなかった。今までの一国単位の歴史は他者と自分が異なることを強調し、ややもすれば自己の優位を誇ろうとしたものではなかったか。そのような歴史を批判しながら、これからは共同の歴史、たがいに理解しあい、われわれが共同で受け入れて継承していける歴史、北東アジアの文化を花咲かせるような歴史でありたいと思った。

これまでの歴史がそうでなかったとすれば、それは批判されざるをえないものであろう。それを批判しながら、共通のもの、分かちあうことができるものに喜びを感じ歴史の共有をはからねばなるまい。何よりも近代の歴史が消去してきたものをさがし求めてよみがえらせねばならない。それが人間的であり、北東アジアのせめぎあいを否定していく歴史というものであろう。その意味でこの小さな論文はまだ決して成功したものであるとはいえないであろう。ただ、そういう歴史が北東アジア三国のわれわれがこれから志向すべき歴史記述の方向であり、そのような姿勢こそ平和史観というべきものではなかろうかと思うのである。

繰り返すが、中国は長い自らの歴史を中心に置き、四周に「蕃国」を配する天下を描いてきた。日本はそれに自らをなぞらえて記紀の時代から日本を中心にした天下を描こうとした。そして近代に至ると日本は日本を中心とした小天下において朝鮮を「蕃国」として形式的に支配するという図式にとどまることなく、その直接的支配の下に隷従させ、漸次その輪を大陸へと広げようとした。日本は中国のように文治国家を理想としていたのではなく、長い歴史の間軍事的直接支配を目ざす武士社会を基礎としていた。

中国が影響力をもつ限り朝鮮も琉球も日本の直接支配から免れて政治的独立を保つことができた。しかし近代史の中で中国の影響力が相対的に後退すると琉球にも朝鮮にも日本の植民地支配の手が伸びた。そしてその日本の国力はついに中国までも手に入れようとするほどにまでなった。記紀が中国を大国と見なしていたのに対して本居宣長の『古事記伝』は明らかに中国と日本の関係を逆転して考えるようになっていた。『古事記伝』は歴史記述における日本の近代意識の萌芽と見なされなければなるまい。一カ所だけを引用することにしよう。『古事記伝』の巻頭「古記典等総論《イニシヘブミドモスベテノサダ》」において本居宣長はその師賀茂真淵に対してつぎのように評価したではないか。

「東ノ国の遠朝廷《トホノミカド》の御許《ミモト》にして古學《フルゴトマナビ》をいざなひ賜へるによりて、千年《チトセ》にもおほく餘《アマ》るまで、久しく心の底に染着《シミツキ》たる、漢籍意《カラブミゴコロ》のきたなきことを且々《カツぐ》もさとれる人いできて、此記の尊《タフト》きことを世ノ人も知初《シリソメ》たるは、學《マナビ》の道には、神代よりたぐひもなき、彼ノ大人の功《イサヲ》になむありける。（注76）

「漢籍意」は「きたなきこと」であるというのである。それに千年以上も溺れていたが、賀茂真淵によってその蒙が開かれ本居宣長自身はそれをついでいると告白するのである。「いよ〳〵益々《マスマス》からぶみごころの穢汚《キタナ》きことをさとり、上ッ代の清《キヨ》らかなる正實《マコト》をなむ、熟《ウマ》らに見得《ミエ》てしあれば。」このように「からぶみごゝろ」は「穢汚きこと」であり記紀のことがらは「上代の清らかなる正實」であるというのである。本居宣長の目には頽廃している現実の中国と興隆することを願う「皇大御国《スメラオホミクニ》」(注77)とはこのような対照をなしていると映っていたのであった。

今、北東アジアの平和と繁栄をという思いを前にして今までの歴史はどう解釈されるべきであろうか。批判的継承とでもいおうか、日・中・韓がそのおのおのの歴史を振り返りながら深く考えざるをえない課題であろう。そのような目で過ぎ去った歴史に問いかけるということは、北東アジアの歴史におけるほとんど初めてのことであるといえるかもしれない。それは今までのわれわれの歴史に対する考え方をトータルに否定するように思われるかもしれない。生きるとは時にはそのような危機をも超えて行かざるをえないといえるのではなかろうか。われわれは今までそれを恐れるあまり避けてきたのかもしれない。この試練を超えて見えてくる歴史とは一体どのようなものであろうか。それが待ち遠しいといっていいのではないか。

この小論は日本の歴史的歩みを批判するのにあまりにも性急であったというそしりを免れえないかもしれない。また歴史とはこれまで世界のどこにおいてもそのような姿を呈してきたともいえるであろう。私は私自身がつらい思いで経験して来ざるをえなかった近代を超えねばならないという思いで、近代において北東アジアで唯一の成功者であるといわれた日本に対してあまりにも厳しい目を向けたといわれるかもしれない。批判することは期待していることの裏返しでもあると理解していただけないだろうか。

この拙き一文はそのようなわれわれの歴史に対する期待があみ出すものであるという思いであ

る。北東アジア三国のあいだに美しい理解と協力の眼が光り交わされる日が来ることを願い、その日が来るであろうという思いと祈りをここに込めることにしたい。

注

1 多くの参考図書をあげなければならないが、広く普及しているつぎの韓国語版一冊をあげておくことにする。ジョボッジョン（조법종）の「檀君と古朝鮮」という論文がつぎの本の中に収められている。金貞培編著『韓国文化の起源と国家形成』（『韓国古代史入門』一、二〇〇六年）一九三頁以下。

2 韓国では『三国遺事』は色々な形で出版され研究されているが、『日本人たちによる檀君研究』（韓国学中央研究院、二〇〇五年）には日本人の研究論文九編が収められている。

3 『新編日本古典文学全集』一（小学館、二〇〇七年）『古事記』二一六頁以下参照。年代はこの全集『日本書紀』一、二、三それぞれの『日本書紀年表』の中にある主に「西暦」を用いることにする。以下の引用は原文からである。

4 右掲書、二二二頁以下参照。

5 『新編日本古典文学全集』三（小学館、二〇〇六年）『日本書紀』巻三、二二二頁以下参照。

6　前掲『古事記』一一六頁。
7　『新譯三国史記』上（金鍾權譯、明文堂、一九九五年）「高句麗本紀第一」（原文）三三九頁。以下引用は原文からである。
8　右掲書下「百済本紀第一」三四頁。
9　右掲書上「新羅本紀第一」四〇頁。
10　同右。
11　右掲書四二頁。
12　拙著『韓国文化史』（明石書店二〇一一年）五四頁以下参照。
13　同右六一頁以下参照。
14　前掲『三国史記』上四四頁。
15　右掲書四五頁。
16　右掲書六六頁。
17　右掲書七一頁。
18　同右。阿飡は新羅の官階一七等級の中で六番目に当る。
19　右掲書八八頁。『三国史記』には四一八年の秋、「王弟未斯欣、自倭國逃還」（八九頁）と記されているが、四三三年には「未斯欣卒」（九〇頁）となっている。
20　右掲書八九頁。

21　神野志隆光『古事記と日本書紀―「天皇神話」の歴史』（講談社現代新書、一九九九年）一六一頁。

22　申采浩『朝鮮上古史』（矢部敦子訳、緑陰書房、一九八三年）、咸錫憲『苦難の韓国民衆史―意味から見た韓国史―』（金学鉉訳、新教出版社、一九八〇年）参照。両者とも最初の記述がなされたのは一九四五年以前日本の統治下においてであった。

23　前掲『三国史記』上一四八頁。

24　同右。

25　右掲書一七二頁。

26　前掲拙著『韓国文化史』一一〇頁以下参照。

27　前掲『古事記』二四六―二四八頁。

28　右掲書二六六頁。

29　右掲書二六六―二六八頁。

30　右掲書二七六頁。『日本書紀』にはその巻第六に記載されている。

31　前掲『日本書紀』一、九八頁。

32　右掲書四三四頁。『三国史記』下五一八頁。（『三国史記』巻第四十五、列伝第五の中に入っている。）

33　右掲『日本書紀』四四六―四四八頁。地名については四四八頁の上欄の注参照。

34　『日本書紀』二、五五四頁。
35　『日本書紀』三、二二〇―二二二頁。
36　右掲書二二一―二二六頁。
37　『三国史記』下七〇―七一頁。
38　右掲書一一六頁。百済滅亡が近い六五一年唐の高宗は諭示において朝鮮半島の状況を憂えて「朕萬国之主、豈可不恤危蕃」などと述べる。
39　同右。
40　右掲書一一七頁。
41　右掲書一一七―一二〇頁。
42　『三国史記』上一七七、二〇八頁。
43　右掲書二〇三頁。
44　前掲『古事記』二四六頁。
45　右掲書二七四頁以下参照。
46　右掲書二七六頁。とりわけ二七五、二七七頁の訳注参照。
47　右掲書三一八頁。
48　右掲書二六六、二六八頁。
49　前掲『日本書紀』一、二九四頁。

50　右掲書三〇〇頁。
51　右掲書四二四頁以下参照。
52　右掲書四五六頁以下参照。
53　右掲書四二五頁以下参照。
54　『日本の歴史』一直木幸次郎『倭国の誕生』（小学館、一九七二年）二五七頁。
55　神野志隆光、前掲書一六一頁。
56　ミシェル・フーコー『狂気の歴史』（新潮社、一九七五年）参照。
57　神野志隆光、前掲書一六〇頁以下参照。『会集解』からつぎのようなことばも引用されている。「問ふ、隣国と蕃国とは何ぞそれ別たん。答ふ。隣国は大唐、蕃国は新羅なり」
58　拙著『韓国文化史』一一〇頁以下参照。
59　『日本思想体系』八七『神皇正統記　増鏡』（岩波書店、一九六五年）四一頁。この日本神国論は豊臣秀吉にまで及んだのであるが、これは何よりも北東アジアの他国とは異なることを強調したかったのであろう。この日本特異論は日本の思想史上を強く流れていたようである。これに比べれば韓国の場合はその歴史は他国と同じように流れてきたものであると主張してきたといえよう。
60　右掲書七八頁。
61　『校訂古事記伝』一（吉川弘文館、一九〇二（明治三五）年）六―七頁。

62 右掲書一五頁。
63 右掲書一〇―一一頁。
64 右掲書四〇頁。
65 右掲書六頁。
66 右掲書二一頁。
67 『校訂古事記伝』五（吉川弘文館、一九〇二（明治三五）年）一八四五頁。
68 林子平述、村岡典嗣校訂『海國兵談』（岩波書店、一九四四（昭和一九）年）一〇―一二頁。
69 右掲書七五頁。
70 右掲書七七頁。
71 右掲書二二三頁。
72 右掲書二二三頁以下参照。
73 『日本思想体系』四九『頼山陽』（岩波書店、一九七七年）四六頁以下。
74 右掲書四五〇頁。
75 右掲書四五三―四五四頁。
76 前掲『校訂古事記伝』一、六頁。
77 同右。

第二章　北東アジア史と日韓関係

一　日本滞在二〇年から

去り際は逃げるようにアメリカに行きますが、今日は連休中にもかかわらず、このような機会をアレンジしていただいて感謝いたします。この歳ですので、うまくお話ができるかどうか不安です。今日は、日本と韓国との関係で自然と私自身のことについてお話することになりますことをご了承いただきたい。日本との関係において私がどのように日本の皆様のお世話になったかについてお話をさせていただきます。

一九七二年一〇月の末に私は日本に来て、一九九三年四月末に韓国に帰りますから、二〇年半の日本滞在になります。韓国現代史のなかでは維新体制下であった時代に日本に来て、皆様のおかげで無事に過ごし、帰国したわけです。いま考えてみますと、私の一生というのは、日本にとらわれて生きてきたような気がしてなりません。それは、私の主体的な決断によるというよりは、やはり大きな力によって動かされてそのように生きてきたなぁ、という感じがします。

私は四六歳の時から四〇年以上も日本との関係をもたせていただきましたが、物心ついてから日本との関係の中で生きてきたということを今さらのように思い出します。「言語」からいっても、今でも韓国語よりは日本語のほうが書きやすく、あるいは日本語の本の方が読みやすいように習慣づけられており、二重言語のなかに生きてきた者の背負わなければならない道のような感じもしますが、「学術書」といえば日本語という世代であったと私は思います。

日本に初めて訪ねてきたのは一九六五年で、戦後日韓基本条約がまさに調印される時でした。その時分は、まだ日本の大使館も領事館も韓国にはない時です。それで日本を訪問している間に、信濃町教会で、いろいろな先生方にお会いしたのです。誇張した言い方かもしれませんが、これが偶然にも私の生涯を支配するような〝大事件〟となったといえます。これをどう表現すればよいのか判りません。井上良雄先生にもお会いしましたし、先日亡くなられた森岡巌さん、小川圭治先生にもお会いしました。その前に、秋山憲兄先生がたまたま韓国に来られたので、私はある雑誌社の編集主幹をしておりました関係で、韓国の教会の方がアレンジしてくださいましたのでお目にかかりました。これが機縁となって、私と日本との関係が急展開いたしました。それから韓国に帰りますが、日本で大変なショックを受けて帰ります。戦前から日本、日本人と不幸な関係にありまして、韓国人は長いこと日本語を勉強させられ、日本人はわれわれにまことに悪しきことをしたということを聞かされてきたものですから、私も日本人に対していろんな思いをもって、羽田空港に飛んできたのです。ところが、飛行機を降りた瞬間「ああ、日本人はわれわれと同じ顔をしているんだ」と思いました。電車の中で韓国語を話せば通じるような気がして韓国語で話しかけて、「はっと」驚いて言葉を変えた経験を持っています。

日本に来て非常に印象深かったことは、戦争が日本では終わっていること、そして、国の再建のためにみな一生懸命に努力して立派な実績をあげていることでした。それに引き換えわれわれは何をしてきたのか。戦後南北が対立していろんな不幸な事件が起こるような時代、そこで南北のイデオロギー的対立のために知識人は悩み、ある政治体制を選んでは挫折し、倒れていった。こういうことを克明に記しておく必要があるのではないか。知識人の歴史、思想史のようなものを書いておきたい。それが私にできることであり、私がなすべきことではないか。そのためには日本を選ばねばという気持ちが非常に強くなってきました。それでようやく、一九七二年一〇月末に東京に来るようになりますが、東大の政治学研究課程というところに身を置くことになります。そのために亡くなられた森岡巌さんや隅谷三喜男先生が力を尽くして下さいました。日本の政治思想史を学んで、韓国の政治思想史を書いてみようと考えました。書いておけばその時は発表できないけれどもいつか発表できるだろうという考えでした。その時思ったことは、信仰的に申し上げれば、人間的に考えることと神様の御計画は違うということでした。

一九七三年八月八日に、金大中さんが東京で拉致されます。そのために私の計画したことが違ってきました。日本の教会の小川圭治先生と森岡巌さんが、「金大中さんが拉致されると、その次は池だろう」と考えられたのです。だから帰国は危険だと私を引き留めて、私の身辺をできる限り保護してやらなければならないということで、早速日本に腰を据えるところを探し始めたのです。それでようやく東京女子大学で客員教授として働くことが決まりました。そして日韓両国の教会の働きによって世界教会（ＷＣＣ）の全面的な支えで私の日本滞在が始まり、韓国に残っている家族も支えながら日本に留まることになりました。

こうして、韓国民主化運動は日本の教会による支援によって進行するのですが、その時のエピソードを申し上げれば数限りがありません。韓国の教会があの維新体制といわれる独裁体制の中で身動きが取れなくなったときに、日本から刺激を与えられて動き出します。そのような韓国の動きに、当時のＮＣＣ総幹事、中嶋正昭先生や、ここにおられます東海林勤先生を中心に、日本のキリスト教会が支えて下さいました。あえていわせてもらえば、日本の教会が先頭に立って韓国の教会と共同の働きをなしたのはこれが初めてだということではないでしょうか。そして、それが日本の社会へと伸びて、韓国の民主化運動に対する日本における全面的な支援の働きが始まります。これは、日本の近代史における、朝鮮の、良い意味における発展のために日本の社会が支援をするという初めての動きであった。これはとても貴重な動きでありました。素晴らしい連帯の実りをあげたと教会史的な意味づけをしたいと思います。それをあえて世界史的視点で考えるとすれば、世界教会の韓国に対する支援運動が日本を中心にして、日本がその中核となって、世界に広がったということでした。そして、世界の支援を集めては、日本の教会が韓国のほうにそれを伝える。たぶん教会史上このようにある国の独裁体制が崩れるようにと、全世界的に教会が連帯しあって闘ったことは初めてではないでしょうか。たとえばアメリカにおいては、アメリカのＮＣＣの教会が力を合わせてアメリカの行政府を動かした。それで、アメリカから韓国に宣教に来ていた宣教師たちもそれに参加する。それが韓国に波及しますが、日本とアメリカと現場の韓国とが連帯をした新しい形態の教会運動、あるいは政治運動としてそれは画期的なものであったと思います。

それだけではなく、日本の中では、日本の教会自体が日本の市民運動へと接近していく。そのような新しいパラダイムができて、韓国の国内における運動をそのような立場で評価し支持する。今日ここに朝日新聞の古い友人たちも来ていらっしゃいますけれども、朝日新聞のほうで、日本の教会に対して、韓国の今についての情報は何かないか、われわれもインフォーメーションをシェアできないかといわれるくらいでした。やがてそれが、『世界』という雑誌の中の「韓国からの通信」としてあらわれます。そこには安江良介さんという優れた編集者がいました。日本の教会側には森岡巌さんが関係した『福音と世界』があり、それを支援して下さいました。こうして、これが世界的な運動となって展開されたわけです。森岡さんといろいろと話したことですが、こういうときの国際連帯のパートナーシップについては韓国の中にいた人たちはあまり知らない。そういうもどかしさがありますね。国内におけるいろいろな犠牲者たち、そういう問題はよく分かっていても、外のことについてはよく分からない。独裁の下ですからね。私は、これは日韓両国の歴史上の大事件であり、かつ東アジアにおける教会史の新しい一頁だととらえて感動して参加していったのです。

私自身も外国で刺激されて発想を転換させられるわけですが、日韓を視野において考える、あるいは東アジアを視野において考える、また世界史の明日を展望しながら考えるということがこの闘いにおいて育てられてきたように思います。私は日本の近代思想史から学びながら近代韓国の思想史を勉強したいと思ったのが、果たされずといいましょうか、うまくいかなくて、韓国民主化の支援へといろいろな方々と一緒に、取り組んできたのです。日本においてそうした現場の闘いをしながら、その闘いの中で韓国の近現代史が多少見えてきてそれが育まれてきたのではないかと思います。そのなかで中心的なことの一つが、歴史的に日本と韓国・朝鮮は違う、そのエートスが違うという考え方です。Ethosというのは、広辞苑で探すと、「人間の持続的な性格の面を意味」して「ある民族や社会集団にゆきわたっている道徳的な慣習・雰囲気」と書いてありますが、日本と韓国ではそれがやはり違う。東京女子大学で教えるようになって、学生たちに接して、このエートスが韓国と日本とでは違うということを強く感じたのです。教える立場になったら余計教える対象の違いが判ります。そこで私が見出したことは、韓国は伝統的に文治社会であり、日本はやはり武士社会であるということです。そこに私はエートスの違いをみました。たとえば、日本には昔から夭折を賛美し、または是認してきた。これは、古代ギリシャ社会においてもそうでした。そして、韓国は徹底した長寿賛美の社会、または長寿を是認する社会です。

一九七四年から七九年頃までですが、立教大学では山田昭次先生のご紹介で、非常勤で朝鮮史を教えました。これは本当に恥ずかしいことですけれども、私はそれまであまり朝鮮史を勉強してこなかったのです。だから、ある意味では朝鮮全体の歴史、それも思想史的なことは日本においてそういう必要に迫られて勉強せざるを得ませんでした。それ以前はそれほど関心を持たなかったにもかかわらず、その時は勉強せざるをえないということになって、七九年には日本人の読者を対象にした『韓国文化史』というのを書くようになりました。出来れば日韓の双方がお互いに理解しあえるようにしたい。韓国から日本を見たい、あるいは日本に向けて韓国のことについて語りたい。こういうような意味で日本でよくいうような複眼的な見方を強要されたとでもいいましょうか。そういうことで多分それ以後私が書いたものには韓国で出ていようが日本で出ていようが、そういうような複眼的見方がずっと背後で働いていたと思います。

私は詩歌が好きですが、それについて考える暇がありませんでした。今までの仕事は韓国について日本に知らせるということを主なモティーヴとしたものでありましたが、今度は韓国人に向けて日本を知らせたい、日本はこうだということを知らせる仕事をしたいと、私は一九九三年に韓国に帰りますけれども、その時から思ったのです。実際は韓国に帰ってますます忙しくなってそういうことができずじまいになりましたので、今度『叙情と愛国―韓国からみた近代日本の詩歌』という本を、まぁ私の生涯の終わりの本になろうかという思いで書きました。私の未熟さで日本の詩歌を十分に勉強していなかったからだと思いますが、不十分なものながら、私の知的遍歴の終りとでも申しましょうか、そういう思いで書き終えたところです。

帰国して、翰林大学の日本学研究所で、日韓文化交流のために仕事を続けてきたのですが、最初はかつて勉強した宗教哲学に戻ろうと考えたのですが、韓国の大学のほうで日本研究所を作って担当しろといわれ、しばらく考えたのですが引き受けました。やはり日本と韓国の間の事柄というのは私の生涯の仕事として与えられたものではなかろうかという気がして引き受けたのです。そこで日本の詩歌についても本を書いたのでした。日本の支配下という苦難の時代を生きてきたのですが、今考えると、ある意味で恵まれた機会を生きてきた者だと思います。それは私にとって、知的衝撃であった、知的衝撃としての日本というふうに考えるからです。いま日韓両国の交流が盛んになっていろいろ研究していますからご参考にしていただければと思い申し上げるのですが、知的衝撃としての日本ということです。私にとっての初めての来日のことです。それは一九六五年であったと申し上げたのですが、その時から日本を発見して戦前から戦後にかけての長い間の敵対関係、それを超克しなければならない、そういうことを考えました。両国は今まで考えてきたより遥かに近くて、お互い協力すべきであり理解しあうべきであると考え、敵対関係からの脱皮とでもいいましょうか、そういうことを考えたのです。そういう気持ちが今でもくすぶったりしていますけれども。

それから一九七二年に日本に来まして、伝統的にわれわれが所有している文化の形態が違うんだということを想ったということです。社会形態が違うから文化形態も違うということです。私は日韓両国の文化を対比いたしまして、日本における武の伝統と、朝鮮における文の伝統を区別しました。しかしそれからそれを超えて、何といいましょうか、未来への展望といいましょうか、東アジア史、あるいは北東アジア史という発想をいたしました。そういう方向に導いてくれた先輩たち、あるいは日本の知的雰囲気、その中で私が考えながら模索していたこととして、私は心から私の日本滞在について感謝しています。こういうことを背景にしながら私の知的遍歴とでもいいましょうか、おおげさな言葉ですけれども、その中において日本というものがどうであったかということを、もう少し掘り下げて申し上げたいと思います。

二　北東アジア史からみた日本

あえて表題、小見出しをつけるとすれば「北東アジア史からみた日本」ということについて申し上げてみたいと思います。最近よくいわれる地政学的にあるいは地政文化的にゲオ・ポリティカルに、あるいはゲオ・カルチュラルに考えてみたいと思います。戦前アジアと日本を比較した論文が多少ありますが、代表的には津田左右吉のような方を考えてみますと、そのような方たちは戦前において大体日本はアジア諸国と違うということを非常に強調されているような気がしてなりません。日本は東アジアの他の国々と違う、他の国々というのは大体中国・朝鮮であるわけですが、違うということを背景にしていますが、そのモティーヴを掘り下げていけば、日本は優れている、日本とアジアの文化とを比べれば日本は優れているというモティーヴを持っていらっしゃる。だとすれば、今日において私は各個人の違いを個性の相違として見る、優劣として見るよりは個性の相違として見るという見方です。こういう個性の相違がいろいろあるということがかえって東アジア文化の豊さであるという見方をすべきではないか、あるいはそのように考えるようになってきたのではないかと私は思います。どこでもそのような相違はあるものである。それをわれわれは肯定的に見なければならない。日本の社会の中においてもそういう違いを発見してそれを個性として尊重しようとする時代ではないでしょうか。これからこのような目で東アジアを、その文化を眺めながら今後どのような立場に立つべきであるかを考えなければならないのではないかと思います。

一九七二年に私は東京に来て日本と遭遇する、エンカウンターする。その衝撃の中で、私は、日本と韓国、日本と朝鮮とについて対立的な思考ではなく、共同的な思考で学ぶ方法を編み出さなければならないのではないかと思いました。日本との出会いによって生じた発想ですが、政治というのはお互いの相違、お互いどちらが優位に立つかということをことさらに誇張しようとするのであるとするならば、そういうのはわれわれの考えからいえば反倫理的であると思うのです。私は韓国内でもそうですけれども、反倫理的な政治への嫌悪といいましょうか、それを非常に強く持つようになってきているのではないかと思います。

民主主義の中においてすら反倫理的なもの、それを当然のことのように前提にして今まで放置してきたのではなかろうか。実際に日本に来た時に先ほども申しましたように、戦後の日本は北東アジア不在の現象のなかにあった。非常に良心的で批判的な人々でも、日本が北東アジアに関係すればかつて歴史的犯罪を犯したのをくり返すことになる、こういってくれるのでした。その当時の日本は北東アジアではなくもっぱらアメリカに関心を持ちヨーロッパに関心を持つことになっていたのです。戦後ドイツのことを考えれば、ドイツはまずヨーロッパへと目を向け、フランスとの関係を正すべきであると発想したではないか。

歴史におけるネメシスの問題、ネメシスとは復讐ということです、ネメシスの問題がありま す。東アジアのことを考えずに、アメリカやヨーロッパのことのみを考えるという生き方をすれ ば、それがやがてネメシス、復讐としてわれわれに返ってくると友人たちと語りあったのを思い ます。それが、北東アジア忌避ということが歴史研究にも反映して、ヨーロッパはヨーロッパ共 同の歴史教科書を作るというのに、われわれは国民主義的史学という今日においても日本史への 集中、朝鮮史への集中、そして歴史論争へと発展してゆくのではないか、という思いがいたしま す。

最近になってようやく読んだのですが、ドストエフスキーの『未成年』という小説を読んで私 はこういう箇所に触れてハタと驚きました。アンドレ・ベルシュロフが亡命しようとしてヨー ロッパへ行った時の話ですけれども、ドストエフスキーはこう語っているのです。フランス人は フランスを信じドイツ人はドイツを信じている。アンドレ・ベルシュロフは「その当時ヨーロッ パにいたただ一人のヨーロッパ人」であった。ロシア人がフランスに行った、あるいはドイツに 行くと、みんなフランス人であり、ドイツ人であるだけであるのに自分だけがヨーロッパ人で あった。こういうことが書いてあります。だからすごいなぁと思いましたけれども、こういうふ うに続けているのです。その当時ヨーロッパにおいて私一人のみがロシアの憂愁、憂いですね、

「憂愁を胸にした自由な人間」であったの人間であった「万人の苦悩を担った世界苦のタイプ」の人間であったというのでした。北東アジアへの関心が無いから国民主義的史学の中にわれわれははまっていたわけです。北東アジアへの関心があればそのような国民主義史学から脱皮せざるをえない。日本で北東アジア史への関心が起こってこなければならない。われわれは自己の歴史のなかに埋没されていますから日本史や朝鮮史においても理想の時代といえばすぐどこに帰るのかというと、まことに奇妙なことですが戦前においては神話時代に帰っています。ナショナリズムにおいて民族にとって偉大な時代といえば日韓ともに神話時代を考えるという奇妙な時代をわれわれは戦前経験しました。

私が書いたどこかの文章にあると思いますが、アラビアではサラセン帝国の基礎を作った時代といえばイスラムの第二代の回教王の時、六三四年から六四四年、これをウマールの時代として理想化しています。日本では天照大神を理想化し、韓国でも同じく先史時代である神話時代の檀君を理想化した。神話の時代、上古史に民族主義的理想を求めた時代、これは確かに虚構の歴史であるわけですが、近代というのは、いわゆる近代という虚偽の時代はこの虚構の歴史に基づく発想をしたということになります。

それで、私は北東アジアへの回帰の歴史学を求めたい。こういうことが私の考え方の根底にあったということを申し上げることができるのではなかろうかと思うのです。北東アジアへの回帰の歴史学を求める。これは、日本に来ることによって私において起こった歴史認識における一つの悔い改めとでもいいましょうか、歴史認識における一つのコンバージョン、転換であったと思います。それを日本あるいは東京において私が出会った拭うことのできない歴史学的な原点として私は所有しているのです。そのような立場から、私が書いた本の中で私は東アジアにおける平和の原点を歴史上どこに求めるかということで、唐の平和、唐による平和に求めたといえます。それを原点として平和史観へとわれわれは進まなければならないのではないかということをいったのです。これはローマの平和、パックス・ロマーナになぞらえて考えたことですが、パックス・ロマーナはアウグストゥス時代から五賢帝時代の末期まで紀元前三〇年から約二〇〇年間をいうものですね。それに比べるとわれわれはだいぶ遅れるのですけれども、ヨーロッパはやはりひとつの大陸ですがわれわれの場合は海を隔てて離れています。アジアの国家建設はヨーロッパに比べてはるかに早いです。そういう中において私は唐を重視して六一八年から九〇七年まで、日本では大化改新の六四六年から古代天皇制で平将門の乱が起こる頃まで、それから古代天皇制が後退しますが、奈良・平安の文化、このあたりで大体二〇〇年から三〇〇年になります。朝鮮史では六六八年に新羅による高句麗、百済との三国統一、そして新羅が滅亡して高麗になるわけですがそれが九一八年です。この時代の中にあえて唐の平和、唐による平和を考えてみたいというような、フィクションといいましょうか、そんな虚構を考えたのです。トインビーは同時代史を非常に重要なものと考えたのですが、私はアジアの同時代史を求め、現代史をそれになぞらえることができるのではなかろうかと思いました。北東アジアの文化がお互い交流しあい、統一的になりながらもお互い独自の文化を作った時代が続き、それが一〇世紀から崩れ、各国への秩序へと流れて行ったわけです。このように七世紀以降の統一的な時代への復帰ということで現代的課題を照らしてみようという考えでした。その後の北東アジアの歴史は、日本は武の国へと戦国動乱の時代を経て進んでいった。朝鮮は文の国、一三九三年に朝鮮王朝になると完全に儒教的、朱子学的な文の国になるわけですが、これについては少し説明をさせていただきたいと思います。

日本においては、いわば鉄砲伝来のことがあるのですが、鉄砲伝来から五〇年たらずして文禄・慶長の役、朝鮮でいう壬辰倭乱がおこる。しかしそれは挫折した。それでも日本の歴史においてはそれを否定するのではなくてそれを肯定する思考が進展しまして、明治以降の近代においては文禄・慶長の役がイデオロギー的に大変尊重されるようになるのです。そういう後遺症の時代をわれわれは生きてきたわけです。その一方、韓国では反日になり、日韓併合を経ることによってその反日の気持ちはますます盛んになりました。にもかかわらず、私は韓国においてもこういうことをいうのです。今日は「反日」といっても、日本の歴史教科書が問題にはなっても、そういうことのために全国的にマスコミが荒れ狂い、ソウル市内では大々的なデモ行進が行われる、そんな時代ではないじゃないか。そういう歴史の問題があっても、それがそれほど大きな問題にならない時代になりつつあるのだ。これは歴史が変わっていくということの証拠ではないのかと。もしもそういうことになると、日本においても韓国においてもなんと愚かしいことをするのかと思うようになる。そういった批判的な試みにおいてわれわれは歴史の前進、歴史認識の変化を確認すべきだといいます。それを確認しないとわれわれは歴史意識的に弱くなる、それを確認することで自信を持って前進できるのではないかという話をしています。

三　韓国の歴史的宿命または使命

それでは、今度は韓国のほうに移って、私は中国のことはあまり知らないので、だんだん締めくくりをしていこうと思いますが、韓国の、あるいは朝鮮の歴史的使命、または宿命―地政学的、地政文化的に与えられた歴史的宿命または使命というものを考えたいと思います。歴史における問いというのはE・H・カーがいっているように、現在から過去へ問いかけて、それで現在へと帰ってくることです。韓国において朱子学が導入されたのは一二八六年、元に使臣として行った安裕《アニュ》という人によって朱子全書がもたらされたことから始まります。それは朝鮮王朝ができる前、高麗王朝の末期でありますが、彼は朱子全書を見て非常に喜び、自分たちが求めてきた新しい知識がそこにあるのだという、いわば求めていた人間観、人間像あるいは社会観、社会像がそこにあると想って朱子全書を写して帰ってきます。孔子像と朱子像も持って帰ってくるのです。そこで知的転換のようなものが起こったと私は考えます。今まで歴史の中において朝鮮も武力を持ってアジアの中で生きていこうとした、戦争をして負けたりしながら苦しんできたが、それではない新しい生き方をしなければならないと思ったといいましょうか。中国と日本の間にある、あるいは北のほうには蒙古族とか清とかいろいろありますが、その中において朝鮮は生きて行かざるをえない。

いわば朝鮮の北東アジアにおける生き方、そういう思想が朝鮮には必要でありました。中日の狭間において国際政治的にいかに生きるべきか、ということを模索しながら一種の結論を出してくるのですが、それが朱子学であり、それが一三九二年に朝鮮王朝が樹立されるとその王朝のいわば国是となる、国の進むべき道となるわけです。こうして、先ほど申し上げました徹底した文治国家になってゆきます。日本は武士社会になってゆきますのに、朝鮮は文治社会になってゆくのです。それで日本の場合と比べてみるとこういうことがいえるのではなかろうかと思われます。日本にも朱子学がはいっていきますでしょう。朱子学が入ってくると、日本はそれを武士社会の中に適応させようとしました。だから伝統的な武士社会に朱子学を適応させようとしたのが日本の場合であるとするならば、朝鮮の場合は朱子学の方向に国を新たに建設しようとした。朱子学を利用しようとするのではなくて、朱子学をモデルとして国を建設しようとする。こういう違いがあったのではないかと思います。いわば朱子学による道徳国家をつくる。これが、平和国家へとつながるわけです。これは、東アジアの政治的状況の中においての早急な、早すぎた決断であったといえるかもしれません。中国はやがて明や清になり、日本のほうでは戦国時代に入るわけですから。そして朝鮮は日本に向けて朝鮮は平和な文治国家だといっているのに日本は一五九二年、壬辰倭乱をおこすのです。文禄・慶長の役ですが、それから清による丙子胡乱《ビョンジャホラン》が起こるのです。これは大陸からの、北からの侵入です。丙子胡乱は文禄・慶長の役から約四〇年後に起こるのです。だから朝鮮は平和国家になろうとしているのに日本はそうではない、中国もそうではない。それで朝鮮は侵略を受けるわけです。日本の武、清の武に対して朝鮮は無力であった。それで侵略されれば国家全体が、それこそなんといいましょうか、木っ端みじんになるわけですから、国は廃れていくのです。これは両大国に挟まれた半島国家、朝鮮の宿命とでもいいましょうか。それがまた今日の状況でもあるわけですが。北東アジアの武力の中において、文の秩序で戦争の無い繁栄は可能であろうか。これはその時は可能でなかった。だからそういうことを考えたとすれば、それは非歴史的であり幻想的であった。それは国内政治体制を維持するのには良かったかもしれないけれども、対外的には全く無能な秩序であった、と申し上げてよいのではなかろうかと思います。

中国と日本との間において均衡がとれれば、朝鮮の独立と繁栄は保たれるという、これは地政学的な条件であるわけですね。これが朝鮮を長いこと支配するようになる東洋平和思想であるわけです。ところが近代になっては一八七六年以降日本との間で江華島条約となり、これがまた崩れていき、東アジアの対立と戦争の時代の幕開けになるのです。それでかつて鳥銃で象徴されていたように、今度は日本の武力の優位によっていわばアジアへの侵略が始まるのですから、その前ぶれはやはり私は文禄・慶長の役だと思います。日本はその文禄・慶長の役の時についには朝鮮から撤収していきますけれども、その恨みがずっと積もってきている。それで近代になって西洋の武器と制度でアジアにおいて優位に立つようになるとアジア侵略の明治以降の歴史がはじまる。そして文化の流れもかつては大陸から流れてきましたけれども、今度は欧米の文化を入れて日本からアジアへと流れる。そのような時代の中において朝鮮の思想家たちはどのように考えたか。時期尚早の思想ではありますけれども、やはり東洋平和論―朝鮮末、韓末以来の思想が平和論でありました。一九世紀から崔益鉉《チェイクヒョン》、伊藤博文を暗殺した安重根、それから最もはっきりと大衆的に現れたのが一九一九年三月一日、すでに日本の統治下に入っていた時代ですけれども、三・一独立宣言でありました。この宣言のことを少しだけ引用させていただきます。

三・一独立宣言は一九一九年のことですけれども、こういっています。「威力の時代去りて、道義の時代到来せり」。道義の時代が来たと喜んでいますね。「日本国をして邪道から脱出せしめ、東洋の支持者としての重責を全うせしめる」ようにせねばならない。このような思想の中で、最後の公約三章ではわれわれは日本の支配に抵抗しても徹底して非暴力でなければならないといいます。これに失敗して一九四五年まで日本の支配が続くのです。それで戦後はこのような歴史の遺産をかなぐりすてて、南北ともに、日本は平和国家になるといっているのに、武装をしないと生き残れないといって共に重武装の歴史、非武装の歴史から逆転して、核武装の時代にまで行こうというようになります。あえて同情的にみるならば、これは今までの歴史の失敗から来た反動の重武装であるともいえましょう。同時に、一九五〇年の朝鮮戦争が示すがごとく冷戦から来た重武装であると申し上げたいと思いますが、それはよくいわれましたように米ソの代理戦争であったともいえます。

歴史というのは、面白いもので、その時は代理戦争をさせることで、大国は自分たちの国を保ち、他の国との間で勢力の均衡をはかろうとするか、または自分たちの勢力を拡大しようとするか、それはいいことだと思ったのかもしれません。しかし、今になってその後の朝鮮半島の問題を考えてみるとわかるのですが、それは世界が背負っている非常な重荷ではないでしょうか。あの時にそうではなくて非常に慎重に平和国家朝鮮を作ろうとしていたならば、今日のわれわれは朝鮮半島におけるこのような重荷を背負わなくてよかったのではないか、世界的にそうなってよかったのではないか、こういうことを考えるようになります。現実の政治と平和国家への理想とはこのように相克してきたわけです。人間の愚かさがなす歴史とでもいいましょうか。

四　今後の日韓関係について

長々としゃべってきましたが、最後にやはり今後の日韓関係について考えてみたいと思います。未来というのは不可測的なもので、到底展望できないといえるかもしれないのですが、あえて今までの歴史について考えながら展望してみたいと思います。

私は日本との関係において今このように日本に来て、語り、それから東アジアから去って行きながら思うことは「今昔の感」という、良い言葉です。実に今昔の感があるとまず申し上げたいと思います。私は一九六五年に初めて日本に来て驚きながら、韓国語も通じるのではないかと思ったという話をいたしました。それから一九七二年に日本に勉強に来て、今度は日本と韓国の間に文化的な大きな隔たりがあるという、そういう中で東アジアの歴史と未来を展望しようとしたと申し上げました。私は日本に来て日本に出会った瞬間から、東アジアにおける文化の違いを同一文化圏における隔たりであると考えたいと思いました。フランスとドイツが戦争はあったけれども文化は共有しあったように。彼らは政治は対立したけれども文化は共有してきた。われわれだってそうではなかろうかという考えです。先ほど申しましたように、ヨーロッパに比べてわれわれは海によって隔てられて固有文化の成立が早く、国として独立するのも早かった。それで三国は文化を共有しながらも各々違った国を作ってきた。しかし何か未来に向けては変わらざるをえないのではないか、そういうふうに思ったのです。私は日本に来て、これに対しては心から感謝いたしますけれども、日本のほとんど全国の大学に韓国人の先生がいる。一人以上いるというこのような時代は、日本統治時代とか、その後のある時代までわれわれは予想もできなかったことです。日本人の観光客が何十万といま韓国を訪れる。こういうことも考えられなかったことでしょう。

われわれは今アジアの繁栄云々といっていますが、それを決して日本が自ら進んでやったことだとは申しませんけれども、戦後日本の経済的発展があってこそアジアの発展があったということではないでしょうか。日本から学びながら、あるいは日本を超えたり、日本と連携しながらここまできた。これは、決して日本がそうさせてくれたのではないけれども、日本の繁栄がなければアジアの繁栄はなかったといえます。このことをわれわれは歴史的にはっきり見据えて、だからわれわれは今後東アジアはかくの如く生きるべきであるということをいわないといけないと思うのです。特に日本人としては恩恵を施したというようないい方はできないかもしれないけれども、われわれ韓国人や中国人の方がそういうことをいって、単にそれを自分だけで考えるのではなく国内においても皆さんに説得力のある姿勢でもって語り出さなければならないでしょう。それは教科書問題もあれば、今もいろいろと問題はありましょうが、人間社会を生きる間にそんな問題がないはずがないでしょう。しかしそれが歴史的進行、大きな歴史の動きを支配するのではないのです。それを笑っていけるように、そして、われわれはできるだけそれを解決しようとするけれども、そのためにわれわれの行くべき道を迷わされるようなことはしないと、説得力のある論理を展開すべきではなかろうかと私は思います。

これは、日本に対して申し上げるのは多少恐縮ですが、確かに戦後の東アジアにおける日本優位の時代は過ぎ去っていくでありましょう。これをわれわれは認識しなければならないと思うのです。だから日中韓の共同体を問題にするのです。共同体というのは一言で申し上げますと、競争しながら協力することです。そのことは国内における発展においても同じではありませんか。競争しながら協力すること。このような国内におけるあり方を拡大してゆかなければならない。それでわれわれはEUの在り方などを想ったりするのです。ギリシャやスペインのことなどいろいろ問題はありますけれども人間社会の中で問題が完全に解決するということはないではありませんか。ある方向に進んでいけばその中でまた問題が起こってくる、そしたらまたそれを是正していきながら進んでいくというような、いわば柔軟な知性、柔軟な対応の姿勢、覚めた知性、これが今日の世界を生きて行く姿勢でなかろうかと私は思います。解決、ソリューションといいますか、それには終わりがないですから、ソリューションがただちにプロブレムを起こすのです。ソリューションそれからプロブレム、それでソリューション、プロブレムと進まざるをえない。これが人間歴史の行程ではなかろうかと思います。私はそういう中において政治より先に市民的共同の時代へと進むのではなかろうかと思います。まあこれは、専門でないからよく判らないことですが、日本はアジアにおいて世界とアメリカのような関係になればよかった、なるべきではなかろうかというような思い方をしています。日本は高度な生産と金融と流通における優位を目ざす、中国のユアンが国際通貨になるのはまだ遠い。これは中国の政治体制の問題なども関係するのですから。日本の円がアジアの通貨となる、これが遅すぎたのではないかと思えてなりません。

これは非常に短絡した言い方かもしれないのですが、日本が北東アジアにおいてアメリカのようになれない理由というのがあるのでしょうか。アメリカが黒人大統領を出すようなことが日本では不可能かもしれない。しかしわれわれは、それだから日本を非難するのではなくて、その限界を自ら引き受けながら未来のことを考えざるをえないのではないでしょうか。それがリアリティーですから。

韓国では今度、比例代表の国会議員の中に韓国人と結婚して夫を亡くしたフィリピンの女性が入りました。与党の推薦によって国会議員になりますが、反対もありますけれども、これで韓国はいわば新しい実験をしてみようとしていると思われます。

私は、東日本大震災のことを考えるべきだと思うので、今度ぜひそちらを訪問したいと思いますが、これは単に日本だけの不幸ではなくて、東アジアがこのようなことに対してどのように対応するかという、ある種の東アジアの災難に対する原点のようなものではなかろうかと思います。これに対して韓国内のいろんな状況について申し上げるのにはあまり時間が過ぎてしまいましたけれども、日本は、東日本大震災に対してもう少しアジアからの働きかけ、アジアからの協力ということをマスコミで大きく取り上げたほうが良かったのではないかと思います。日本に対する新しい期待というもの、日本が不幸で良かったというのではない、過去のようにそう考えるのではなく前向きに日本と新しい関係を持ちたい、日本の喜ぶ姿が見たい、日本がわれわれに対して「ありがとう」というその姿が見たいという非常に市民的な純朴な考え方があるということを日本のマスコミは理解していただきたいと私はその時に思いました。

教会史的なことに戻りまして、政治勢力と知識人とでも申しましょうか、私は歴史の進展の中においていろいろ過去のことを想い比べてみたりいたします。民主化闘争のときの教会の在り方、それを回想しながら現在においてはどのように歴史を継承すべきか考えるのですが、歴史を固守するのではなくてそれに学びながら新しく踏み出したいというような立場で日本におけるアジア的連帯ということを考えます。先ほどは一九七三年の金大中さんの拉致のことを申し上げたのですが、私はその時日本におりましたので非常に感動させられましたけれども、韓国のことを申し上げたいと思います。

今度の選挙を眺めながら、本当に人間と歴史の問題を考えて何といいましょうか、人間が愚かだといいましょうか、やはり歴史にしっかりと学ばないといけないと思うのですが、その学び方はそう簡単ではないと、いろいろな思いに駆られます。クリスチャンが韓国においては、今全人口の四分の一であるいう状況ですから、その連合を、その全体をいかに活かすかということは単に信仰的な問題だけじゃなくて、政治思想的に大きな問題だと思います。教会は政治に影響を与えなければならない。政治の外にいて、連合して政治にいい意味における圧力を加えなければならない。それがかつては韓国教会の姿勢であったわけです。日本統治時代のことを考えますと、神社参拝に反対して亡くなった方もいらっしゃるわけです。私はその経験は教会史的に非常に重要だと思いますが、そういう時に皆が獄中に入るわけではないですから、残りの教会は日本の支配は怖いので黙っていたけれども、涙で祈っていたということ、これが教会のあるべき姿であると私は思うのです。行動的な人は少数者である。しかし多数の教会は祈っているのです。闘っている人は正しくて、残った人は正しくないというような二元的な分け方をしてはならないでしょう。これが日本の支配下における韓国の教会の姿であった。それをあなたたちは忘れているのではないかと私はいうのです。今度は、野党は教会に近いというようにいろいろいわれていますけれども、その人たちが、選挙が終わって私のところにきてあなたはどう考えるかというのでした。私は野党が教会勢力だとは思わない、それは教会を分裂させるものであると答えました。今度あなたたちは与党と野党に教会を分裂させたではないか。

これは私が若い時にユニオンに行ったときに教わったポール・レーマン教授が書いた本の中にありますけれども、ラテン語で書いてありますが「エクレシオラ　イン　エクレシア」ですね。エクレシアは普通の教会です。エクレシアという普通の教会において、闘う時に少数になったのがエクレシオラであるという。しかしそれがエクレシアの中に存在しなければならない。それがいわば多数の教会に対立するのではない。自分は正しい、あなたたちは間違いだというような自己正当化を試みてはならない。いろいろ問題はあるでしょう。エクレシアがエクレシオラと心を同じくしても行動は別々にしながらお互いに一つの祈りの中に合体している。これが教会のあるべき姿ではないか。われわれは、近代以降あまりにも自己は正当であり他者は悪であるというような分け方をしてきたのではないでしょうか。歴史は自己反省を媒介にして継承されるものではないでしょうか。私は歴史はそのような涙とともに継承されるものだと思うようになりました。

今度の韓国の選挙をみていますと、教会の中で闘っている人たちが野党だといってそれに合体してしまう。しかし与党の大統領もクリスチャンである。それでお互いに罵りあっています。このような姿は教会の姿ではありません。民主化運動をする時はそうではありませんでした。現実の政治の中に合体してしまうような民主化運動をわれわれはしていない。最後になって野党が孤独であるときにこれと合体したように見えたが、それから自己を分離させて教会の本来的な在り方に戻ろうとしないでドロドロになっていまのような結果になったのではないかと思います。戦いに対する自省的な回顧といいましょうか、反省的な回想といいましょうか、そういうものが必要でしょう。特に今日においては世界的に現実的な政治勢力が無力化した時代です。日本でも珍しく国民の力がはるかに強くて政党の力、政治の力が弱い時代になってしまった。また一方で、国民の力もチリジリばらばらになって国民が脱力感といいましょうか、力が抜けたという脱力感あるいは分散化のような状態にあるわけです。

最後を締めくくらなければならないのですが、教会は特に韓国のようなところでは、知識人連合などと関係して、新しい連合を作っていかなければと思いますが、これはごく小さいことですが、一つ述べさせていただきたいと思います。この頃は政治家の中に弁護士が多くなりました。これは知的な人の中で弁護士が一番自由な時間を多く持っていることと、弁護士は政治家を辞めても弁護士で食っていけるというわば知的なグループの中において弁護士が一番恵まれているグループだということと関係があるのでしょう。それで面白いのは、弁護士は職業柄かもしれないのですけれども、与党に入ったり野党に入ったりですよね。弁護士というのは、そのグループの論理を正当化することがうまいです。だからほかの知識人、たとえば大学の先生のように自分の主張を貫徹しようとするよりは、その状況を見て判断するという自由自在な人になりがちです。もう国民は野党に入れば野党の主張だけ突っ張る、与党に入れば与党の主張だけ突っ張るというようなことには疲れています。だからそういう中で、どういう役割をしてくれるのか。私は政治家における弁護士的姿勢ということを思います。どっちにもついて行くという自己利益に従う退廃的な姿勢ではありません。所属の与野に関係なく自分の主張を展開する姿勢です。

日本で韓国のための民主化運動をしている時に、市民運動のひとたちに非常に感動を覚えたのはみんなが手弁当でやっているということでした。韓国内でもみんな犠牲を払って闘っていたのですが、この頃は体制や何らかの組織の中に入って、お金を貰いながらやっています。そうなると非常に違った性格の人々になってしまいます。この頃は寄食と申しましょうか、権力にたよって飯を食っている寄食階層に変わってしまった。だからこれは知識人じゃないですよね。こういうことで私は私が日本にいる時に見つけた知識人に対するリーズマンの古典的な定義のことを思い出します。

革命勢力が伝統社会に寄食する知識人に転落してしまった。こういう中でリーズマンはいうのです。理念のために生きる人々（to live for ideas）、これが知識人であるというのです。理念によって飯を食べるというアカデミシャン（to live by ideas）とは違うというのです。だから、われわれはある意味では by ideas によって現実的に生きていながら、本当の自分の人生は、to live for ideas，ideas のために生きるということですね。そういうことを考えながら知識人は、特に韓国の様に知識人が政治といろいろ関係した歴史のある国においては、知的領域の人びとは独立的な存在にならなければならないと思うのです。これが市民勢力として巨大な勢力を作ってゆくことによって政治をもう少し真面目なものにしてゆくようにならなければいけない。泥仕合をするような政治的状況を変えて行かなければならない。こういう意味で今は一つの転換期に差しかかっていると考えてはどうかということです。この退廃している時代、まぁ何と申しましょうか、平和な時代であり、民主化されたように思っている時代でありながら、実は意欲をなくしている時代であると見える今日を生きることは、特にそこで信仰的に生きるとはどういうことであるか。知的道徳的信仰的優位にまず立って、願わくばそういうような立場においてアジア的連帯を模索しなければならないのではないか、このように私は思います。かつてとは違って、アジア三国が社会的に同質化され、平均化された今日において。

知識人の近代政治への隷従の時代からわれわれは脱皮しなければいけないのではないか。民主主義的な、そして民主主義が対立の時代であるという考え方、与党と野党とが対立して闘わなければならないという時代、そのためにいびつな論理を生み出してゆく、しかしその政治論理に対して市民がついてゆかなくなってきた時代、こういう中でいかにすれば民主主義が和解と協力の時代を作っていけるのか、対立ではなくて譲歩と合意のために対話を繰り返すか。そのような民主主義を作ってゆく与党と野党が大事なのではないかと私は思います。日本における社会党の後退、そして世界的に見られる相克に対する嫌悪、これは何をわれわれに示しているのであろうかと考えます。保守勢力も票になるならば何でもするような時代に、はたして社会主義勢力と保守勢力との対立は必要であろうかという思いに駆られながらです。本当にイデオロギー終焉の時代であると思いますけれども、こういう時代に韓国の教会はどのような連帯を組むのか、そしてそのために市民的尊敬を勝ち得るか、政治に対しては絶望しているけれども教会の示す模索の姿には感動するという時代をはたして韓国の教会は示しうるのか、あるいは国民の四分の一の信者を擁していながらも、そのような市民の政治的不満と絶望を放置しておくのかという問いを呈しながら私は国を去って行こうかと思います。

予定の時間を遥かに超えて一人で独占してしまって恐縮でございます。年寄りとして去って行きながら話したいことが多くなって失礼いたしました。どうもありがとうございました。

第三章　韓国民主化と北東アジア

―民主主義へと向かう陣痛の一〇年―

歴史とは盲人がたどる巨象の姿とでもいおうか。私はそのような寓話的な懐疑論から、とても抜け切れないでいる。終戦から二五年といえば一九七〇年、こうして今日われわれが回顧しようとする七〇年代が始まる。それに三五年を加えれば二〇〇五年、金大中《キムデジュン》政権を引き継いで盧武鉉《ノムヒョン》政権がたけなわな時であった。もしも一九八八年の盧泰愚《ノテウ》政権から民主主義的選挙による民主政権が出発したといおうとするならば盧武鉉政権の時代は韓国民主主義第四期といえるかもしれない。今振り返ってみると、それは避けられなかった歴史的過程ではなかったかとも思われる。

一　歴史的遺産としての一九七〇年代

そのような歴史のなかにおける一九七〇年代といえば、それは韓国の現代史において一つの頂点に達した時代、民主化闘争史の中で見るならば、朴正熙《パクチョンヒ》の第一次軍事統治と反体制勢力が激しく対決した最後の一〇年であり、若い人たちの焼身自殺が続いた最も過酷な時期であったといわねばなるまい。一九六〇年四月に李承晩政権が崩壊して出来上がった幼い民主政権が八ヶ月にして軍事クーデターによって崩れ去り、一九七〇年代といえば再び国民の巨大な抗拒を前にして軍事政権が政権延長のための断末魔的なあがきを続けては倒れて行く一〇年といわねばなるまい。

それからあまりにも短いソウルの春、第二次軍事政権ともいおうか、軍事政権の残影ともいおうか、その邪悪な遺産が少なくとも一九八七年の民主回復の日まで続いたというべきであるが、私はそれだけではなくわが国民の頭の中では、そして現実を支配する基本的な社会構造のなかでは、それがそのまま今日に至るまでも続いていると考えている。

その悪霊のようなものを脱ぎ捨てるといっても、多分それは終戦後七〇年を過ぎて八〇年というべき時代に入ってはじめて可能になるかもしれない政治的な足かせではなかろうかと私は考えている。その時にはどうしても大きな歴史的変革を前にして、民族的な英知を結集せざるをえないのではなかろうか。その時といえばすでに歴史は二〇二〇年代を歩んで行くはずである。そうであるとすれば歴史とはほんとうにわれわれが頭のなかで描く歴史よりははるかに遅れて訪ねてくるものであるといわねばなるまい。そのために革命とは実際において失敗した革命であるとさえいわれるのではなかろうか。

二〇二〇年代、その時を政治的に展望してみるならば、何よりも国内の統治体制は過ぎ去った悪遺産とりわけ軍事統治体制の遺産を脱ぎ捨て、新しき民主秩序を志向しなければならないと考える。国民を抑圧するとか欺くとかすれば、たとえ民主主義という政治体制において選挙による多数の支持を勝ち得たとしても、それは反民主体制であるといわねばなるまい。たとえ国民によって選出された多数と少数であるといっても、その間にかもし出される合意によってのみ国家の重大事を取り扱い、それでもって国民全体を納得させることができなければならないのではないか。これこそ真の民主主義ではなかろうかと思う。そして国土が七〇年近くも南北に分断されているという問題はそれ以上われわれの重荷として残されていてはなるまい。その時には南北は既に軍事的対決という近代的政治様相からもたらされた軍事的分断という場から離れて、統一の問題は無条件平和的に解決していなければならないのではなかろうか。二〇世紀末においてヨーロッパにおいては東西ドイツの出会いと統合が奇蹟のように訪れてきたが、そのような激動が北東アジアの時代であるとすれば、朝鮮半島にも訪れてきていなければならないのではなかろうか。

私は世界史はヨーロッパ統合のつぎには東アジア連合という課題につき進んで行くであろうという世界史に対する一種の楽観論をいだいている。一九五七年ヨーロッパではフランスと西ドイツをはじめとした、六カ国がヨーロッパ経済共同体を築くことに合意した。それからヨーロッパ共同体へと進む四〇年にわたる長い歳月が流れた。その過程においてユーロコミュニズムは水泡のように消えて行った。歴史とは他の成功と失敗から学びながら前進するものではなかろうか。

今日われわれが検討することになっている一九七〇年代というのは、ある意味では反歴史的な時代と規定しなければならないのではないかと思っている。その当時の統治勢力として日本軍出身者をかかえていたというのは、なんとアイロニカルなことであったのだろうか。彼らを心理的にたどって見れば、彼らは確かに劣等感にとらわれコンプレックスにさいなまれていたといえるかもしれない。日本の政治勢力に対するイリュージョン、彼らを嫌悪しながらも、彼らの後を追うという考えであった。まるで時代を錯覚したかのように一八六〇年代の明治維新の近代を模倣するとしたではないか。それで彼らは彼ら自身の政治的航路を〝維新〟であると公言した。

そのためにわが国民の疑惑と反撃は一層深まって行った。そのような抵抗が頂点に達したのが一九七〇年代であり、わが国民の心の底にはかつて抱かざるをえなかった反日の心情が強く横たわり、他方日本の政治勢力の間にはそれとは逆に韓国に対する新しい植民地化の夢まで巣くっていたといえそうであった。

一九七〇年代のそのような幻想のために今日のようなかたくなな日韓関係は避けられないといえるかもしれない。このような政治史を振り返りながら、私は今日の政治的現実をながめる新しい視点を期待している。そしてこの度の会議が韓国の国内における視点ではなく海外における視点を代表することに一層の期待をかけたい。それは現実的な政治を多少距離をおいてながめるものになりうるのではなかろうかと思うからである。そして今はそのような国内外の視点が対話を交わしながら、多数でありながらも一つを志向しなければならないのではなかろうかと思うのである。このような姿勢はもし可能であるとすればわれわれが持ちうる政治的資産となりうるのではなかろうか。

二　北東アジアの政治と韓国の民主化

実際一九七〇年代において韓国国内の批判勢力を促し励ましたのは海外の自由な空気のなかで目覚めた韓国人の声であり、それが国内の闇と沈黙を打ち破ったというのを私は忘れることができない。これを可能にしたのは通信と交通手段の革命的変革を媒体としたはば広い国際的連帯であり、それは世界革命史上ほとんど初めてのことといえる事件であったと思う。しかし今までこのような歴史に対する革命的な省察と継承がわれわれの間には欠如していたのではなかろうか。そのためにその後の歴史に参加することにおいてわれわれの力を弱める結果を招き、我執と反動へとわれわれ自身を転落させてきたのではなかろうかと反省せざるをえない。その時にできていた国際的な連帯がその後ほとんどまったくといえるほどまで解消してしまったことを私は嘆いてやまない。

これについて多少長くなるが、その当時の東京の役割という問題に対して少しだけいい添えたい。東京は北東アジアの近代史において革命史的位置を占めていたが、日本のアジア侵略とともに転落してしまった歴史をわれわれは記憶している。一九七〇年代の頃東京はそのような位置を取り戻すかのように見えた。その頃東京はアジアの他の閉鎖された地域から集まってくる情報を世界に送り出すとともに国際化された外の情報を密かに各地域に媒介していたのであった。東京が、一九七〇年代八〇年代に情報メディアが謄写刷りからファックスにそしてEメールに拡大されながら個人化していく過程において果たした役割は忘れることのできない事柄であるといえよう。今日の北朝鮮のように当時の韓国の軍事政権もこの情報ネットワークを遮断することに狂奔していた。ある意味ではこのような状況のなかでアメリカも対韓姿勢を変えざるをえなかったのではなかろうかとさえ思われる。

革命的勝利が近視眼的な政治的我執に転落する時、反動の時代は不可避的にやってくるのではなかろうか。一九七〇年代はわが国において革命勢力が国内外的に統一戦線を成功させていった時期であると解釈したい。革命に対してわれわれは〝未成功〟というかつての革命家が嘆いたことばを繰り返すようになる。朝鮮半島が経験してきた状況こそそのような叫びをわれわれに追想させるといわざるをえない。

韓国の民主主義革命が成功したといいながらも、今日国内外にみなぎっている挫折意識は確かに韓国の政治的現実がわれわれの目指す目標からはほど遠いものであることを示してくれているのではなかろうか。いまだに軍事政権の種が残って至る所ですでに枯れ切った花を再び咲かせようと力の限りを尽くそうとしている現実を直視しなければならないのではなかろうか。何よりもわれわれの統一の日を掘り起こし、北東アジアにヨーロッパにつぐ共同体の夢を実現するまでは、われわれは挫折意識を反芻せざるをえないという歴史意識を取り戻さねばなるまい。

〝東洋平和〟なしにはわれわれの独立もありえないと考えたわれわれの先達たちの歴史意識は今日においても変わらぬ真理ではなかろうか。このことはただ単なるわれわれの理念ではなく、徹底した地政学的なリアリズムに基づいた歴史意識であるといわねばならないと私は考える。そのような意味で韓国は政治地理的に東洋平和の実質を提供しなければならない基本的な位置を占めているといわねばなるまい。それがわれわれの希望また使命としてわが国民の意識の中に座を占めなければならないのではないか。その意味において北東アジアのこれからの歴史のために韓国国民の意識は覚醒されねばならない。

三　一九一九年の三・一独立宣言を思って

それはひとり韓国のみのためではなく、北東アジアの将来、北東アジアの平和へと向かう歴史のために要請されていることではなかろうかと考える。われわれの南北統一はただ一人の犠牲者もなく達成されねばならない一大革命でなければならないのではないか。それは現代史においてもう一つの輝かしい結び目を達成する歴史でなければならない。それはわれわれにおいて一九七〇年代において花咲いた未熟な革命が、その後の反動の歴史を超えて完成を目ざそうとする動きではなかろうか。一九一九年の三・一独立宣言が示した三つの公約のなかから一節だけを引用してみたい。

〝今日われわれのこの行動は正義、人道、生存、尊厳のための民族的要求から起こるものである。ただ自由的精神を発揮し、決して排他的感情に逸走することなかれ〟

九五年前即ち一世紀近い昔、わが民族が喉を枯らして叫んだこの叫びは、一九六〇年の四・一九を超え、今日にも受け継いで叫ばれなければならない民族の叫びであることを、その時誰が知っていたであろうか。北東アジア三国の中でこのように来たるべき日々に向けて、はっきりした革命の階段を踏んできた国がどこにまたあるであろうか。革命も民主主義も常に未完のものであり、歴史の先々でいっそう追求していかざるをえないものではないか。

韓国史の革命史的な理解が求められるといわねばなるまい。一九一九年の三・一運動は、異民族の支配に対する民族的抗拒であり、一九六〇年の四・一九は民主主義を求める決起であり、一九八七年の六月抗争は民主主義を奪った軍部権力に対する抵抗であった。しかし四半世紀以上軍部の近代化というスローガンの下で成長してきた反民主の腐敗勢力はいまだに歴史の中で跋扈している。このような時代を拒否する、民主的に民族的合意をかもし出す民主主義を求めるわれわれの努力は続けられなければならない。民主主義の道をたどる過程はそれほどけわしく時間のかかる道のりであるといわねばなるまい。一九七〇年代の革命はその前途に北東アジアの目ざましい変革を望み見る歴史的出発点ではなかっただろうかと思うのである。

過ぎ去った日の残滓が民主主義という仮面を付けて横行しようとする今日の歴史に対する抵抗は続けられなければならない。今日の政治勢力は民主化闘争の前に息をひそめていた反動的な集団に過ぎなかったのではなかったかと私は考える。真の民主主義を求めてその深化の道をたずねるということは、今日における民族的な課題であると考える。繰り返すが、与と野、多数派と少数派が合意に達し国民全体を代表するという民主主義の発展と深化の過程が要請されているといえよう。敗者の〝恨《ハン》〟のない民主主義のことだ。与野が自己利益のために国民的現実にそむくという歴史には終止符が打たれねばならない。われわれの国内においてのみではなく、広く北東アジアにおいて。

民主的合意の時代、それがわれわれが望む民主主義の前途であり、われわれが多くの犠牲を乗り越えて追求していかねばならない歴史である。われわれは今日のような通信の時代においてかつての直接民主制までも回想させるこのような民主主義の新しいモデルを提示しながら、そのような民主的秩序が北東アジア全体を政治的に新しく飾るようになることを念願としなければならないのではなかろうか。

われわれにとって〝正義、人道、生存、尊厳〟は去る一世紀の近代史においてわれわれが確認してきた人類史の放棄することのできない理念であるといわねばならない。一九七〇年代、その時代に参加した一人として、この時代こそ韓国の現代史においてこのような歴史を涙を持ってあかしをなした時代、われわれが近代以降の歴史において追求しなければならない国家モデルを提示しながら軍事独裁権力と戦った一〇年であったといわねばならぬのではないかと私は考える。たとえそれがその後四〇余年間ほとんど忘却したかのように失われた革命の時代として放置されてきたとしても。

第四章　戦後七〇年と北東アジア

韓国では「解放」といいますが、今年は終戦七〇周年、そして日韓条約五〇周年の年です。私は朝鮮史の中で、現代の特徴を二つにして考えています。一つは横の軸、より空間的に考えて、世界はますます一つになるのだということですね。それからもう一つは縦の軸で、時間的に考えて、国民の力はますます大きくなるのだと思います。このような傾向が現実的政治の力を超えて膨らんでくるだろうと思います。近代的国家の力は歴史上かつてみられなかったほど巨大なものであったわけですが、これからその政治力は衰退していくであろう。戦争が無くなれば一層そうなるでしょう。そして国民、市民の力が大きくなっていくであろう。このような歴史的観方をしております。こういう事態に、現実的な政治勢力が果たして肯定的にまた漸進的によく対応しうるだろうかと思います。政治の場合、政治家たちの発言を耳にし、政治屋たちのやっていることを観ながら、果たして今日の世界的状況を政治家任せにしてよいのだろうかという疑問。これがこの頃韓国の状況のなかで私が感じている大きな問題の一つでございます。

一　国と国の出会い

ヨーロッパの統合、歴史に対する私の考え方ですが、これについでこれからは北東アジアの統合が歴史的課題となるのではなかろうかと思います。ヨーロッパの統合が半世紀もかかった課題であったとすれば、われわれの場合はそれ以上の時間を要するかもしれないでしょう。若い頃読んだ、フェルナン・ブローデルの「地中海」の構想。小さな国家史でみるのではなくて、ヨーロッパを地中海という大きな枠組みで考えようとした。こういう意味で私はまだ東アジアの三国が対立しているこの時代に向けて、黄海そして日本海、韓国でいえば東海ですが、このような時代の構想を考えなければならないのではないかと思うのです。そのような状況を前提とするならば今日の東アジアの状況はどうなっているのか。いま李先生がおっしゃったように、この時代の成り行きに対して、特に政治においては三国がいまとても保守的傾向に走っているのではないかと思います。

人間というものは新しい事態に遭遇すると本能的に保守的な反応をするものではないでしょうか。自分を保存し保護しようとする考えが優先するはずでしょうから。北東アジアの今日の状況を見ながら、私は韓国国民の間にある保守的な傾向のことを思います。韓国では危機が来れば国民は常に政治的に野を選択しようとしてきました。勿論軍事政権の下でそれは抑圧されて実際はそのような野の勝利を勝ち取ることができなかったのですが、民衆が常に野を選択しようとしたのです。しかし今は民衆自体が保守を選ぶ。これは韓国が豊かになったせいでしょうか。かつては野に向かっていた、希望を常に野に託さざるをえなかった。そのような国で今日においては自由なる選挙において、それこそ民主主義下において国民の多数が保守を選ぶようになってきた。これにはいろんな理由があると思います。研究しなければならない課題でありますが、野の失敗、民主主義勢力の失敗が理由の一つではなかろうかと思います。私は民衆をなじるよりは民衆の力によって権力を握ることができた民主勢力そのものの失敗を考えざるをえないと見るのです。革命には成功して国民統治には失敗するという世界史上どこでも繰り返された歴史ですね。

歴史の新しい節目において、日本はどのように反応してきたのだろうかをご参考までに考えてみたいと思いますが。北東アジアの近現代史において新しい時代を最も意識的に成功的に捉えた国は日本だったと私は考えています。これには中国も失敗したし、朝鮮も失敗しました。しかし日本は自覚的に主体的にこれに対応して成功した国だったと思います。多分その歴史は三段階に分けて考えられるのではないでしょうか。一八六八年の明治維新から一九四五年の敗戦までの時代とそれから現代にまで至る時代ですね。それからもう一つ、私は、今日、日本は次の時代のために新しい選択をしなければならない、いわばそういった大きな節目に到達したのではなかろうかと思います。明治維新から敗戦まで七七年、そして一九四五年の終戦から今日まで七〇年。七〇年から八〇年を前後してやはり歴史の新しい節目に到達するのではないでしょうか。そのような新しい状況に対応して今まで日本はある意味において成功してきたわけですが、日本の対応の仕方は、丸山眞男がいったように「古層の隆起」ではなかったかと思います。古い層が新しいものを取り入れながら隆起してくる。この「古層の隆起」に対して丸山眞男の考え方をどう説明するかはいろいろ考える余地がありますが、一応ここではそういう考え方をしたと考えたい。明治維新を考えても、攘夷派と開国派が対立するのですが攘夷が勝利する。しかしそれは、単なる攘夷の勝利ではなく、攘夷による開国ですね。しかしそれはその後の歴史において失敗を招かざるをえなかった。

一九四五年以降の日本の歴史はどうであったか、一九四五年以降、そして今日の日本はどうであろうか。とりわけこれから日本はどういう道をいくのであろうか。重要な課題でなかろうかと思うのです。このように迫ってくる歴史に対してどのように対応するのか。単純化して申し上げるのを許していただきたいのですが、国家間のエンカウンター、遭遇、出会いですね。先ほど日本が西欧世界に対してアジアにおいて最も成功的に対応したが失敗したという話をいたしましたが、単純ないい方ですが、こういってよいのではないでしょうか。国と国の出会いというのは今までは軍事力で、それから資本力で出会ってきたのですが、これからは願わくば fraternity 友達になるということであればと思いますね。このような三つの出会いが想定できるのではないでしょうか。それについて、アダム・スミスが『国富論』で論じている invisible hand の問題を私は考えるのですが、日本に来て最近丸山眞男に関する本を買って読んだのですが、ミシェル・フーコーの話が出てきます。歴史的事実の背後にある作為を感じるのだ、とフーコーが話したようですが。このように、歴史の背後にいわば目に見えない手 invisible hand あるいは作為があるわけです。歴史というのは華やかに見えるけれども、われわれは実際にはその背後にある invisible hand を見る、また感じなければならないのです。それで私はどうしてもこういう感じにうたれるのです。今まで、特に近世以降の歴史における国家間の出会いの中では軍事力、資本力の優劣があって大抵の場合友誼は忘れられがちであった。ところが今からはどうも友誼の方が段々力をましてくるのではなかろうかと思います。非常に楽観的な考え方かもしれませんが、そう思えますね。長い敵対の人類史を超えてとでも申しましょうか。

二　近代と現代

私が勉強していた一九六〇年代、七〇年代には近代化論が盛んにいわれていました。近代化された先進国があれば、発展途上国があるというふうに世界を階層的に見た。そして後進国は先進国に付いてくるのだという考え方だった。ハーバード大学のライシャワー教授などが、日本はアジアにおいて最も先端に立って近代化を成し遂げたのであるが、それは日本にはこういうところがあったからだなどといろいろ解釈していました。中国はステイタスを追求する、身分志向的(status-orientation)であったのに、日本はゴール・オリエンテーション(goal-orientation)、目標を追求するのだ。そのような姿勢のために日本は東アジアにおいて唯一近代化において成功したのだといったのです。そういうようなことを読んで、なるほどと思ったわけです。近代化するけれども先進国と後進国、国民所得の多い国と少ない国とは階層的になるのだという考え方をした。どうもそれがこの頃は該当しないような気がしますね。そんなに階層的には考えない。東アジアにおいても、中国と韓国と日本が対等なのだと。国民所得によって階層的に考えようとした時代は過ぎ去ったとわれわれは考えようとする。われわれが追求しているのは、かつての近代化ではなくて現代化であって、それとは違ってくるのだ。特に二〇一五年以降のこれからの時代は違ってくるはずだと思わざるを得ないといえましょう。時間の関係で、はしょってつぎの話をしたいと思います。

若い時に読んで忘れられないものとして記憶にとどめられているのにハーバードのクレイン・ブリントンの「革命の解剖」というのがあります。これからの現代化の中において、誰かが Anatomy of Revolution を書いてくれないといけないですね。どうなって行くのか。アーノルド・トインビーは一九六〇年代にアメリカに招かれてアメリカの革命について話をしました。一九六〇年に韓国では四・一九民主革命が起こりますが、アメリカの人たちはそんな革命とか政治的な大きな変化など後進国にあるのであって先進国にはないのだと嘲笑うというか、非常に軽くあしらっていた。その後フランスで学生革命が起こり、世界的に革命の時代となるでしょう。これを考えますとトインビーの言葉をいっそう思い出さざるをえませんでした。一七七六年のアメリカの革命、一七八九年のフランス革命、これが世界を何度もぐるぐる回る、とトインビーはいったのです。

そんなに革命がずっと続いて、いまや核兵器の下で全世界は新しい秩序を作りださねばならない時代になってきたわけですね。一九八九年にはベルリンの壁が撤去され、一九九〇年一〇月三日には東西ドイツが結合します。この歴史の流れは避けられないものだと思いますが、それに対してわれわれはどのように関与するのか。それをどのように受け取って、この事に協力するかはわれわれに課せられた課題であります。たぶん政治家は、自分たちが政権を握ることしか考えないでしょう。われわれリベラルな人は、五〇年先一〇〇年先を考える。それだけ想像の幅が広いと思いますが、多分この中で特に東アジアにおいてはリベラルな精神は希望を語りながらも自分たちが取り残されたような寂しさをかみしめているのではないでしょうか。このように私には思えてなりません。

一九九八年のことですが、こんど亡くなられた坂本義和先生がソウルに来られて講演をされた時に、つぎの世代の政治として Civic State 市民国家を強調されました。それを鮮明に思い出すのですが、北東アジアの連合を遥かに夢見ながら坂本先生は政治的な市民交流のことを盛んにいわれたと思います。政治家のイメジネイション（imagination）は短く反動に走りやすい。その時には市民が協力してこれに抵抗しなければならない。このような柔軟性を持たなくてはならない。たんに従来の革命理論と行動ではなく、政府が正しい方向に行く時は喜んで協力する、しかし反動的、排他的になる時にはそれに抵抗する。こういう柔軟性をもった、批判的参加あるいは批判的参与とでも申しましょうか、これが市民の思想ではなかろうかと私は思います。近代の論理ではない。現代の論理で、国家間の対立の論理ではなく和解の論理で、協力の論理で。これがこれから求められる人類の知恵でなかろうかと私は思います。

歳を取ったせいでしょうか、もう少し優しい政治が必要なのではなかろうかと思います。日本に来てテレビで野党と与党の話し合いを見ていますと、あのような声だけの強硬発言は、われわれ市民は消化しきれないですね。若い人は面白いシーンとして喜ぶかもしれませんが。これからは人類が念願としてきた和解と平和の時代に入って行かざるをえないのではないかと思います。市民の力によるアジア的連帯の時代。政治権力の構想力の限界を知って、市民が協力しながら共にそれを憂い、共にそれを批判する時代、こういうことを思います。

三　丸山眞男を思う

本屋で丸山眞男の本を先ず買ったと申し上げましたが、丸山眞男という人は苦悩の人間だったなぁと、苦悩の人間像、憂国の人、寂しい人であったような気がしてなりません。華やかに見えましたけれども、孤独な思想家だったと思います。昔かなり読んだのですが、皆忘れてしまったので、これから帰ってもう一度丸山を読みなおそうかなと思います。かつては孔子孟子という東アジアの思想があったでしょう。それをわれわれはみんな一緒に喜んで読んだのです。近代以降になるとアジアの思想ってないですよね。日本の思想はあるかもしれない。あるいは中国の思想はあるかもしれない、韓国の思想はあるかもしれない。これから柔軟に東アジアのことを共に考えるような思想の本があらわれるべきではなかろうかと思います。

彼は東アジア的発想をしながら、孤独であったのではないかと思うのです。ナショナリスティックな連中たちが丸山眞男に盛んに攻撃を加えていたでしょう。丸山は一九六〇年代頃まではさかんに現実の問題に対応しながらものを書きますが、その後段々書かなくなって日本の政治史、その学問的研究のほうに集中しますね。彼はこう思っていたというのです。「〈内側〉に身をおきながら、少しでも〈外〉へと視線をのばし、コミュニケーションを続けていくこと」（苅部直『丸山眞男―リベラリストの肖像―』、岩波新書、一九七頁）。その時右翼が跋扈して、丸山を排斥します。それでだんだん丸山さんは一九七〇年代八〇年代には政治史の研究だけにして、現実に対する発言をしなくなりながらこういうこともいっています。他者感覚を持って「境界」に立ち続けること。あのナショナリズムの中で、日本にいながらアジアとの境界に立って苦しむこと。

たぶん日本で右翼に走っている連中はこの苦しみなど理解しようとしないで丸山を攻撃したのでしょう。これは丸山が好きであったシモーヌ・ヴェイユの話と重なるわけですね。シモーヌ・ヴェイユはこういっていますね。自分はクリスチャンであるけれども、教会には入らない。クリスチャンの教会とノンクリスチャンの世界との境に立って苦しみながら思考し、道を模索していきたいと。丸山もそういう考えを持っていたのではないか。そう理解すると、丸山は単なる日本政治思想史の人に終わるのではなくて、アジアの時代への流れを眺めながら苦しみ悩んでいた人である。そのような苦悩の人間として彼をアジアは振り返ってみなければならないのではないか。そういうようなアジアの思想を、アジア共同の目を、アジアの協力をわれわれが求めなければならない時代が迫ってきているのではないか。私はそのように思っています。失礼いたしました。

第五章　ヨーロッパ共同体以降の北東アジアの状況をめぐって

御足労を感謝いたします。同信の友人たちがほとんどいなくなった今日、こうしてしゃべることに心苦しい思いをいたしますが、今まで日韓問題にかかわってきた者としてささやかな問題提起でもできればと思います。

はじめに

かつての日本の朝鮮支配を多少でも経験した者として一つエピソードとでもいいましょうか、そういったことを語らせていただきたいと思います。

日中戦争が起こった一九三七年は私が中学校一年生の時でしたが、一九四〇年頃ではなかったかと思います。冬休みで帰省する頃でありましたが、今は北朝鮮の首都である平壌から夜行列車に乗ると日本から満州へと行く日本人の移民で座席はほとんど占められていました。それで私は通路に立っていたのですが、同じように通路に立っていた満州移民とおぼしい朝鮮人婦人がおんぶした子どもをあやしながら綿入れで座席に坐っている日本人の男に触れました。

その男も満州移民の一人であると見えたのですが、彼はすぐ触れられた肩をほこりでもついたように手で払うのでした。そこで私は彼にすぐ「それがそんなに汚いですか」と抗議したのです。もちろんその男は何も答えなかったのですが、それから私は身の置き場に困ってしまいました。車内を調べる移動警察が間もなく取り調べにくるはずですが、その男が報告でもすれば、私が警察に連行されるのは間違いのないことでした。

その時、その男と並んで坐っていたある日本人紳士が小さな声で「あちらに行きなさい」といって急場は救って下さいました。それで私は車室の外に出てじっと考えたのです。あのすすめのことばがなかったら、私は警察に引っぱられ、どういうことになっただろうか。自分も満州移民として行く同じ身分でありながら、同じ境遇にある朝鮮人を故もなく汚いと考える。そこで私は若気の至りであゝいうことをいって困っていたのにあの紳士はやさしく一言いって急場を救ってくれた。その人はどのような人であったのであろうかと考えざるをえませんでした。

これが日本統治下の朝鮮の状況の一幕とでもいうべきものでした。私は文学好きの一少年といいましょうか、青年といいましょうか、そういう身分で若い時から日本人に対する感情の二重性を生きて来たといえましょう。それは現実の冷酷な政治の場における日本人と、文学という場におけるいわば美しくてやさしい日本人という二重性です。文学ではこのように美しい日本人であるのに、私たちが日常において接する日本人の政治的支配というのはどうしてこのように苛酷なものであろうかという感じですね。私の政治嫌いはこのようにして培われ、その一方でやさしい人間的時代への憧れは文学ではぐくまれてきたと思います。

中でも忘れられない日本の文学者は島木健作（一九〇三―一九四五）と吉田絃二郎（一八八六―一九五六）でした。島木は左翼から転向した作家として人間愛に憧れ美しい短篇を書いて夭折してしまいました。吉田は英文学者でありましたが何よりも美しい旅のエッセイを書き続けていました。お二人ともあの憂愁の時代を悩み続けたといえましょう。私たちは二人の書いたものをほとんど熱狂的に読み続けたのですが、戦後日本に来てみると彼らの本は本屋さんでほとんど見られないようで不思議に思いました。私たちの世代と今の若い人たちとの間には情感の違いのようなものがあるのだろうかと思わざるをえませんでした。

一　今の時代を何に比べようか

これは聖書の御ことばですが、戦後七〇余年、今は近代を過ごして現代といいましょうか、その間における日・中・韓の関係を考えるのですが、この頃は政治の膠着によって三国の間における現代的鎖国とでもいいかねない状況であるという気がいたします。戦後七〇年余を日・中・韓はどのように生きてきたかということは比較思想的課題としても重要で興味ある問題でありますが、はしょって韓国の歩みを取り上げて考えてみたいと思います。

一九四五年から一九七〇年頃までを民族的発想の時代といってもいいのではないでしょうか。その中で一九五〇年から三年間朝鮮では南北の間において朝鮮戦争が続いたわけです。中国もそうですが、朝鮮では民族主義が盛んに唱えられた時期です。一九六五年には日韓条約がアメリカの慫慂《しょうよう》でようやく結ばれるようになりますが、日韓会談において韓国側が韓国の抵抗の民族主義をいかにも誇らしく言及すると、日本側はそれは栄光の帝国主義だったと応酬するような心情的にとてもナショナリスティックな時代であったといえましょう。それで日韓条約も従来の近代的条約と同じように敗北した側がいた仕方なく賠償を支払うというような難渋をきわめたものでした。

一九七三年になってヴェトナム和平協定が結ばれるようになりますが、日本はその経済発展の途上において一九六〇年には安保闘争そしてヴェトナム闘争への道を進むのですが、今になって考えるとそれは日本のアジアへの復帰の道であったといえるような気がいたします。それから一九七〇年代に入っては、教会的には韓国問題キリスト者緊急会議のような活発な運動が起こってきます。その頃私も日本にきてこの運動に関与することになりますが、この運動は歴史上日本国民が韓国の歴史の前進のために初めて大々的に参加した重要なことであったと思います。日本の市民が韓国民主化の戦いに関心を持って参加したこのことは、日韓が対立と相克の近代を超えて相互関心、相互関係への時代に入ったことを意味したといえるのではないでしょうか。一九七三年八月八日にはいわゆる金大中拉致事件なるものが起こります。そこで日本では反ヴェトナム闘争をしていた市民勢力が大きく韓国民主化闘争へとその戦いのほこさきを向け始めたように思います。その頃私は日本に来ていて「韓国からの通信」を書き始めるのですが、このような歴史の展開によって、時々書くことになっていた通信を毎月集中的に書かねばならなくなりました。この頃戦後における新しい日韓関係が台頭してきたといえましょう。その当時の日本のキリスト者の支援そして日本のマスコミと市民の支援のことを忘れることができません。それによって日本における韓国に対する認識が大きく変わったように思いました。それ以前の日本のマスコミの韓国に対する報道姿勢から見ると、この時代が日韓関係にとってどのようなものであったかを知ることができると思います。

その頃までの時代は、戦後におけるアジアまたは北東アジアの争乱の時代であったといえましょう。一九七六年十月には中国では文革終結となり、一九七九年十月には韓国で朴正煕が暗殺され、第二次軍部統治ともいうべき体制が続き、一九八七年六月革命によって二十六年間も続いた軍事政権が終わるようになります。

私が二十年余り滞在していた日本から帰国するのは一九九三年の春でしたが、この頃から二〇〇七年まではいわゆる野党執権の民主化の時代でした。金大中執権の一九九八年から二〇〇三年の春まで私は日本文化への市場開放という日韓文化交流にたずさわったのですが、その頃はヨーロッパではすでに一九九〇年にドイツが再統一された時代であったということを思い起こさざるをえません。私たちの北東アジアにおいては半世紀も遅れてヨーロッパが歩んできたような道を歩もうとしていたのだといわざるをえないのではないでしょうか。

一九九八年、金大中政権初年度の秋、日本の優れた小渕恵三総理との間でいわゆる文化開放、日本文化の導入がスタートしたのですが、なぜ日本政府は歴史教科書問題を持ち出して一時この交流を停滞させたのか遺憾でなりませんでした。私が代表となった日本文化交流会議で、開放一回目は世界四大映画祭でグランプリを取った作品に限るとし、音楽などでは二千名以下を収容する公演場に限るなどとしたのは韓国の世論を考慮したからでありました。この時私は責任者として政府をして開放反対者も賛成者も委員として選出させ、その全員一致で開放を進めようと努めました。韓国人半数がまだいわゆる日本文化開放導入に反対していたのですから、そのような見解を代表するたとえば国史学者なども委員会に参加させて全員が賛成するとすれば、それは韓国人の総意といえるのではなかろうかと考えたからでした。そのために、日本の大衆文化を導入するとすれば、映画などでは世界が公認したグランプリ受賞の作品に限るなどと奇妙な制限をつけたのでした。

私はこの時、民主主義的に妥協しあって全員一致を図ることの美しさを求めようとしたのですが、このような苦労に対する配慮などなしに、ちょうどそのころに歴史教科書の問題でこれに冷水を浴びせるような日本政府の無神経に当惑したことを今も思い出します。そしてこの時、日本文化開放の問題に参与した私たち自身の考え方の限界とでもいうべきものを思い出さざるをえません。今になっては何よりもこのような五年間に及ぶ日韓文化交流会議においてなぜ私たちはヨーロッパにおけるようにヨーロッパ共同の歴史教科書のようなものにまで話しあいを進めようとしなかったのかと思います。

それは何よりも日韓両国の委員たちが知識人または市民代表として政府の力に従おうとしてそ

の影響下の知識人・市民代表に収まっていることに満足し、もっと自主的になろうとはしなかったからだと思います。政府の意向に忠実であろうとして北東アジアの平和と繁栄を目ざしてどうあるべきかを考えることができなかったのです。たとえば日韓の歴史問題の会議においてひたすら自分は正当化しながら相手の国家主義的歴史記述に対して批判し、その欠点を指摘することに集中し、北東アジアのために共同の歴史教科書をどのように記述すべきかなどには考えが及ばなかったということです。政府の立場を継承してそれに隷属した姿勢に終始したということです。こうして北東アジアの市民のための共同の歴史へは一歩も踏み出せなかったのです。

このような自己反省を踏まえてヨーロッパの場合を考えればどうでしょうか。第一次、第二次世界大戦を経験しながら彼らはヨーロッパ連合（ＥＵ）へと進んできたではないか。一九四二年十二月にイギリスに亡命していたポーランドの亡命政府の首相が元ベルギー首相に欧州連合を呼びかけたというではありませんか。ここにヨーロッパの知識人が関与して一九四八年にはロンドンとパリにヨーロッパの統一に向けた事務局ができたというではありませんか。そしてその二十五年後ヨーロッパ九カ国を中心に欧州経済共同体が生まれ単一市場設立へと動いたといわれるのです。

この動きの中で、長い間分裂と戦争のさ中にあったフランスと西ドイツがヨーロッパ統合の主役として登場してきたではありませんか。ヨーロッパで分裂させられていた国、西ドイツの状況はいかにも北東アジアで南北に分裂させられていた朝鮮と似通っていたのではないでしょうか。

いずれにせよ、一九八九年十一月ベルリンの壁が崩壊し、九〇年の十月にはドイツは再統一されたではありませんか。そして一九九二年に欧州連合、一九九九年にはユーロによる通貨統合にまで至ります。今は加盟国二八カ国、しかし最近の情報によればイギリスの動揺が伝えられています。人間社会における動きとは常に動揺をはらまざるをえないものです。問題が解決したかと思うと、また改めて問題が起こるのです。その歴史とは問題が解決したかと思うとまた問題が隆起するという無限の連鎖ともいうべきではないでしょうか。それが無限の進歩と発展へと進むジグザグの螺旋という世界史ではなかろうかと思うのです。これは人間である以上避けられない運命的な道でありましょう。私たちはこの螺旋の一点に立ってしばしこの人生を楽しんで終えるのではなかろうかと思います。

私が発見した一点の希望という意味で一言だけ述べさせていただきます。さきほど一九六五年前後日韓条約会談の頃、韓国に花咲いたと申し上げました民族主義というその当時は華やかに見えたことばが、一九九三年に二十年余りの日本滞在を終えて帰国すると、韓国でもほとんど耳にすることのない死語となっていることに私は驚かざるをえませんでした。日本統治下では口にすることのできなかったことばであったがためにそれが終戦後は美しく響いたのでしょう。それはまた南北に分断された民族であるがために悲しい思いで口ずさんできたのかもしれません。一九九〇年代に入るとそのことばの代りに北東アジアということばがはやっているのでした。

私はヨーロッパにおける政治的リアリズムまたはヨーロッパ人の知性ということばを考えま

す。その意味におけるヨーロッパの先進性を思いながらその動きがこれからは私たちの北東アジアにやってくるというのが世界史の動きではなかろうかと思うのです。その意味でヨーロッパにおけるドイツを日本はいかに理解しているのかと問われ、韓国は南北に分断されている国としてしかもその統一へのイニシアティヴを失っている国としてどうこの歴史の動きに対応するのかと問われているのではなかろうかと思うのです。北東アジアの統合と友好のためにあなた達は何をなそうとしているのかと問われているのです。深い感動にかられざるをえない「欧州連合条約第二条」をここに引用してみましょう。

「連合は人間の尊厳に対する敬意、自由、民主主義、平等、法の支配、マイノリティに属する権利を含む人権の尊重という価値観に基づいて設置されている。これらの価値観は多元的共存、無差別、寛容、正義、結束、女性と男性との間での平等が普及する社会において、加盟国に共通するものである」

かつては考えられなかった統合と平和へのヨーロッパという意志がここに脈打っているではありませんか。人類史上初めて共に生きて行こうとする平和意志に溢れる条約であるといえるのではないでしょうか。ここに人類の成長を見ざるをえないといえましょう。人間社会には絶えず問題があるが、それを解決しながら歴史の成長、私たち人間の成長を図るのではないでしょうか。

「今の時代を何に比べようか」　ＥＵは半世紀以上を費して統合を目ざしてきました。私たちはまた現代史において半世紀以上ヨーロッパに遅れているのではないかと素直に認めて進むべきではないでしょうか。私たちはいまだに対立と戦争の時代であった近代の後遺症に苦しみながら進んでいるのだといえるのかもしれません。私たちは近代と現代のせめぎあいの時、近代の終焉と現代の台頭というはざまを生きているのだと告白せざるをえないのかもしれないと思うのです。

二　現代の憂愁の中で私たちの課題は？

今度日本に来て先日「同時代社」の友人、川上徹さんが去年の一月になくなったことを奥様から知らされまして驚きました。このように私よりも若い方の不幸を知らされると、何かしら恐れを感じ、なぜ私はこのように長生きさせられているのかと問わざるをえなくなります。彼が残した文章の中に藤田省三先生が大学のクラスの中でいわれたつぎのような文章がありました。その一部だけをここに引用させていただければつぎのようなものです。

「現代は世紀末。人類は滅んでいく。キミのやることは世紀末のルポルタージュ。それを書くことだ。書くための眼を養え。時間はないんだ。明るい未来を信じるなんて、もうキミはいわないよな。孤立すること。たった一人で考えること。……」

私はこれを読んで一九六〇年の安保闘争に参加して敗れた日本の知識人の嘆きともいえるものを思い出さざるをえませんでした。まだ韓国にいた私たちには日本における安保闘争の詳細はよく伝わってはきませんでしたが、『日本史年表』には「一九六〇・六・四安保改定阻止第一次スト五六〇万人」と書かれていました。この日本における有史以来のうねりに参加して意気高揚したが絶望した世代の知識人が「現代は世紀末、人類は滅んでいく」と呟かざるをえなかった心情に私は深い共感をおぼえざるをえません。

しかし現実は実に冷厳なものではないでしょうか。実際、世紀末、人類の滅亡は客観的にはそうたやすくやってくるものではないといわざるをえません。人類はたやすく滅んでいくものではないようです。しかし終末はいつでもやってくることのできるものであります。個人の人生は無限を目ざしながら、瞬間瞬間いつでもやって来る死に直面しています。発展と終末は共存しているものではないかと思われます。私たちは一方を取るのではなく双方を取らねばならないのかもしれません。発展史観と終末史観双方を取って、無限の発展を目ざしながらも死を前にしているというのが人生であるのではないかといえそうです。

先ほどあげた島木健作にも吉田紘二郎にもこの二重の人生観が宿っていたように思います。ちょっと本題からはずれることになるかもしれないが、日本人の人生観はこのような二重性に徹しているように思われます。私が日本の大学の教室で感じたことですが、日本の学生はよく耐えることができます。権力に対する諦念のようなものをもっている。よく他人を立てる。謙遜しているけれども立てられればよく責任者の任を果す。また自分が立てた人によく従う。この根底には何か人生に対する諦念のようなものが根づいているような感じがしました。いい部下になることもできればよき指導者にもなれる。私はそこに何か一種の執念のようなものを感じながらもまた日本人の諦念をも感じたのです。

このような日本人が安保闘争からヴェトナム闘争へそしてそこから一九七〇年代には韓国民主化運動へと支援を広げていったように思います。この戦いの中で途中終末的な経験とともに脱落していった人びともいたでしょうが、新しい運動へと実際的目標を異にしながら支援の戦いを続けた人びとも多かったように思います。このような意味で私は日本においてヴェトナム闘争がなかったら韓国の民主化闘争への支援もなかったのかもしれないと思ったりしました。何よりも戦後日本の反体制的な人びとの間でも最初はほとんどアジアへの関心がなかったのですが、このような過程を通してだんだんとそれは培われてきたと理解しました。日本はその時、共産党の動きも可能であった北東アジア唯一の民主主義国家であったのではないでしょうか。韓国がほとんどそれと同じような政治的自由を手にするのはようやく二〇〇〇年代に入ってからではなかろうかと思います。

私は今度日本に来て文庫本でゴーリキーの『母』を読んだのですが、このロシヤ革命前夜の小説には至る所に革命に対する非現実的な楽観主義的イリュージョンが散りばめられていることを感じざるをえませんでした。たとえば「ロシヤが将来地球上でいちばんかがやかしい民主主義の国になる……」という式のことばですね。しかしその通りにはならなかったという歴史的経験を持っていて今私たちは尻ごみしているのではないでしょうか。

歴史とは私たちの希望とは違ってごく少量の成功しか私たちにもたらしてくれません。ロシヤ革命もそうであったと思います。革命後は自己を犠牲にして戦ったあの革命家の良心と良識によって指導されるというよりは、革命の政治的実りはあの政治屋たちによって独占されたといえるかもしれません。革命後のそのような自己背反ともいえる状況の中でそれを耐え抜くことのできる精神を私たちは勝ちとることができるでしょうか。その意味では革命後における政治的状況から立ち上がって、絶望ではなく歴史の残酷さを悟って立ち上がることのできるしたたかな知性、そのような姿勢が要求されるといわねばならないのではないでしょうか。

韓国の民主化闘争の後、特に今日的状況においては、このような否定的な状況にもめげないしたたかな精神が求められるといわざるをえないのではないでしょうか。何よりも私は軍事政権が崩壊した時、民主主義勢力が自らその戦列を解体してしまい、それまで国際的連帯によって助けられたことをほとんど忘却に追いやってしまっていたことを思い起こして、強い反省に悩まされました。韓国における七〇年代、八〇年代の民主革命を支援した精神、それが手にしていた国内的、国際的連帯が、その後も生きていて政治的発言をくり返し、現実の政治権力を監視しなければならなかったのではないか。すべて政治任せにして自らの解体を急ぐが如く散って行った未熟な政治的姿勢を思い起こしたのです。政治的変革は、民主主義体制の場合でも、長いこと時間をかけて共に遂行してゆくべき課題ではなかったでしょうか。しかも現代における民衆革命とは決して単一の国家内で遂行される国民的革命ではありません。今こそそれは国際的な連帯によって遂行されるべきものではなかろうかと思います。一国家社会内の単独革命の時代はまったく終わっているといわざるをえません。

そういう新しい立場から、私は今後の北東アジアの正しい歴史のためにこの地域における知識人と市民の連帯を描いてみるのです。そして具体的にそこにおける日本そして東京の役割ということを思い浮かべるのです。北東アジア史の中でかつてあの困難な時代に日本は、東京はどのような役割を期待されたのでしょうか。今日においても中国の北京も上海もアジア的変革の中心であるようには思われません。韓国のソウルもそうです。東京といえばアジアの中心、その変革の基点のように思えるのです。孫文をはじめとした中国の革命家また留学生の場合が思い出されます。韓国・朝鮮の場合もそうでした。そのような日本または東京の姿は日本の大陸侵略とともについえ去っていきましたが。

日本の市民が政治的権力から自由になった姿、かつての東京ではなくまったく民主的国家になって、まさにヨーロッパにおけるパリのような国際的イメージを呈するようになってきた今日に注目しなければなりません。自由と民主主義は自分のためにのみあるのではなく他者のため、私たちのためにあるものでありましょう。何よりも他者が来て息抜きし、友情と連帯を共にすることが可能でなければなりません。そのような目で日本をそして東京をながめてみたいと思います。日本の政治のことではありません。日本の市民的文化と市民の心のことです。

むすび

朝鮮問題は日本にとって八世紀の古事記、日本書紀に記されている上古史以来、そして一六世紀末の文禄・慶長の役とともに明治以降の植民地支配において以来、未決の問題として残されている問題であるといえるかもしれません。そして世界史的にはそれは第二次世界大戦後の戦後処理の問題としてとり残されたほとんど最終的課題であるといえましょう。このように考えるのは、我田引水的であると非難されるでしょうか。

一九七〇年代、八〇年代において韓国の民主化が北東アジア最大の問題であると思ったように、これからは北朝鮮問題が北東アジア最大の問題であると私は思っているのです。朝鮮半島における南北分断は日本の植民地支配と関連する問題であり、第二次世界大戦の戦後処理が残した世界史的な問題であります。朝鮮は地政学的な運命によって南北に分断されざるをえなかったともいえましょう。それは日本の植民地朝鮮として背負わされた課題であり、その悪遺産として今も取り残されている問題です。日韓関係においても、それを今まで前進させてきた市民という立場からしても、この問題をなおざりにすることは出来ないのではないでしょうか。日本からは北朝鮮による市民拉致の問題がまだ問われているではありませんか。北東アジアの平和と統合をめざすといえば、北朝鮮問題を取り除いては考えられないのではないかと思わざるをえません。特に日韓市民の間の交流ということを取り上げた場合はますますその問題は避けて通れないのではなかろうかと思われます。近代史的発想の遺産は対立と衝突であり、現代史の方向とは交流、理解、協力、平和ではないでしょうか。いま日韓の政府の間では対立があっても国民の間ではそれと関係なく交流が盛んに続いていることに、私たちは時代の息吹を感じることができるといえるのではないでしょうか。

今度の十月一日の韓国のいわゆる「国軍の日」に大統領は「北の政権の挑発と反人類的統治が終息するように北の皆さんに真実を知らせる…」といいながら「いつでも大韓民国の自由なる地に来るように望む」と発表したというのです。これに対して反政府的な新聞はそれは中国を刺戟した発言であると注意を促したというのです。私は北にいる政治権力がその全国民を囚人のようにかこっているのにそのような発言が何の意味があろうかと思います。北朝鮮は西は鴨緑江、東は豆満江によって大陸と隔てられていて、東の豆満江の源流のところでのみ河幅が狭いのですが、そこは北の警備軍によって厳重に取り締まられています。しかも夜中に危険を冒して豆満江を渡るとしても中国の警備軍に捕えられて多くの悲劇が起こっています。中国軍は逮捕すれば抑留して北に追い返し、追い返されれば強制収容所に入れられます。「いつでも大韓民国の自由なる地に来るように望む」とはこの危険を冒すようにとすすめることですが、現実的には北朝鮮の難民にとってはいかなる助けにもなりません。たとえ北を脱出して中国に入ることができたとしてもすぐに韓国に来られるのではありません。女性の場合は性的暴行にさらされるという残酷極まりない状況です。中国のこのような暴行を許すいわゆる北朝鮮友好政策を前にして私たちは戦慄をおぼえざるをえません。たとえ北朝鮮を脱出しえたとしても蒙古の砂漠をへて東南アジアまでの脱出路を伝ってさまよう難民行をしなければならないのです。この非人道的な状況が北朝鮮と中国の間で取り行われているのです。この死角ともいうべき非人道的領域を前にして単なる招きのような政府また政治家のことばは許されないものです。ここで北東アジアの日本と韓国の市民がなしうることとはどういうことでありましょうか。

朝鮮の南北対立という悲劇は南北の政治が造り出したものであり、それに関連したいくつかの外国にも責任があるといわざるをえません。今からそれを解決するということでどのような悲劇が発生することになるか予断を許さない状況です。ここに政府の力では抑え切れなくなった自由なる市民の南北統一への立場ということが考えられます。市民的提議といいましょうか、一人の市民の犠牲も許さない南北統一への道といいましょうか。ここでも私たちはヨーロッパにおける東西ドイツの統合を思い出さざるをえません。

今、南北問題に対する市民運動の立場とはどのようなものでありましょうか。南北共に今までの政治からの解放といいましょうか。それは七〇年代八〇年代の韓国民主化運動の歴史に学んで行動・運動に対する哲学・思想を醸し出し、運動の良心的な中心と組織をなして、それに世界的な広がりを与えることではなかろうかと思います。これがこれから南北の間において発生する政治的状況に対する市民的運動と監視という動きの方向ではなかろうかと思います。

政治が南北の間に築き上げた壁、そして核兵器で対立している状況のなかで、私たちは南北の相互解放を目標とすべきではないでしょうか。政治の美名の下に阻害された人間本来の関係を取り戻すことであり、父母も兄弟も会えなくした古い苛酷な時代の名残りからの解放です。七〇年代、八〇年代の韓国の民主化運動のようにそれは韓国国内の市民運動から世界的運動とならねばならないと思います。南から北へも自由に行けることです。北から南下した、また南から北へと行った年老いた人びとの願いもあるでしょう。冷戦以前のように自由市民の往来が保障され人間的な自由市民生活が取り戻され保障されねばなりません。本来的な市民生活が絶たれた社会を許してはなりません。誰が何のためにこの人間本来の生を妨げるというのでしょうか。このための市民運動が今、世界的に展開されねばならないのではないでしょうか。

七〇年代、八〇年代の韓国民主化運動は世界にこだました現代的市民運動のモデルでした。その時日本政府は苦い思いで沈黙していた重い腰をいた仕方なくあげざるをえませんでした。アメリカ政府もこの世界の動きに仕方なくなびいていかざるをえませんでした。ヨーロッパなどでは政府までもこの市民の声に同調しました。このような世界市民の声によって南北が統一されその本来の姿に戻るというのは、ただ一人の人間の生命も損われることなき現代市民社会の革命であらねばならないと思います。二七年前の一九八九年十一月九日に四四年も続いたベルリンの壁が崩壊したように、北東アジアの政治の後進性が克服されねばならないのではないでしょうか。人間と人間社会を取り戻すのです。

個人的な悪意はなかったといえるかもしれないが、近代は歴史的罪悪を犯してきました。力があれば他を支配することを常としました。それは分割と格差そして抑圧が支配した時代でした。今でもややもすればそれが復活しようとします。それは人間の原罪的我執といえるかもしれません。私たちは統合、平和、正義、人権へと民主主義的価値を目ざす現代史へと向かわねばなりません。それで私は七〇年代八〇年代に日韓が人権と政治的自由のために協力しあった歴史は、日韓の歴史において始まった市民の現代史であると思います。それはジャーナリズムとキリスト教勢力を中心とした宗教勢力のイニシアティヴによって、世界的に市民が立ち上がって専制的政治勢力を敗退に押しやった歴史です。

しかしその時代は謄写刷りの資料を多くの人が警察の目を盗んで韓国から運び出したという時代でした。今はファクスを経てEメールの時代、インターネットの時代となっています。大衆参加のメディアの変化と発達に注目しなければなりません。初めて政治勢力から自由になった日韓の市民の力が中国へもだんだんのびていって北東アジア全域の市民勢力となる時代を展望したいと思います。時代によって戦略・戦術は継承され是正されながら発展するものではないでしょうか。批判的継承とでもいいましょうか。今日においては市民の声、そのソフトな声がいかに強力な力になりうるのかが問われていると思います。それが柔軟な声でありながらも政治と歴史を変えうるのだといえるのではないでしょうか。

その世界史の動き、平和と人類統合の動きがヨーロッパから北東アジアへそして第三の世界へと進む歴史の中に私たちは立たされているのではないか。反動の波が押し寄せることに絶望、失望することなく、これに参加するよう私たちは求められているのではないでしょうか。御清聴ありがとうございました。

あとがき

現代のような目まぐるしく変わる時代において歴史について考えることは、常に自分の歴史観の否定または修正を迫られるような気がしてならない。歴史を書くとはなんと多くの現象の中から、それこそ主観的にまたは恣意的にことがらを選定して記録してきたことであろうか。

歴史的懐疑論とでもいえる心境に私は陥っている。一九六〇年代後半からであったであろうか、日本との出会いによって私のいわゆる朝鮮史観は大きく揺さぶられてきた。北東アジア史観という観点なしにわれわれの国史は記述されていいのであろうか。たとえ日・中・韓、北東アジア三国が現実的には出会うことがなかったとしても、観念的にはその歴史的営為において、常に三国の中の他国によって支配されるか、影響されてきたのではなかったか。この三国の歴史は分離して考えてはならないと思えてならない。

その各国が自分の歴史をいかなるものとして記述し国民に教え込もうとしても、そのような人間的な努力を越えて「見えざる手」は長い歴史を通してそれ自身の歴史的歩みを止めようとはしなかった。それは歴史を超えた歴史、人間が愚かにも押しとめようとした歴史であったかもしれない。これからもそのような歴史と人びとのせめぎあいは断たれることなく続くのであろうか。

私は常に私の歴史的理解に対し疑いを発しそれを否定しようとしてきた。今はその描き歴史論をほとんど全面的に否定せんばかりに、かつて書いてきた歴史ではなくもっと底流にある、ややもすれば書かれた歴史においては消去された無言の民衆の呟きのようなものをさぐろうとしなければならなかったのではないかと思っている。そこでこそ「見えざる手」の描く幻のような歴史の一端に出会えるのではないかと。

それではこの本に書かれたような歴史をここに編み出す理由はどこにあるであろうか。老年の歴史的思考とでもいわれるかもしれない。が、つぎの時代において歴史に興味を持つ人びとが、踏み台として読んで下さればと思うとでもいおうか。

終わりに当たってこの私の最後の著書ともいうべき本が出版されるように配慮して下さった富坂キリスト教センターの岡田仁先生、かんよう出版の松山献社長に厚く御礼申し上げたい。また原稿の入力から校正まで詳細にわたって作業の労を惜しまなかった円谷弥生さんのご助力に深く感謝したい。

初出一覧

第一章　書き下ろし

第二章　「東アジア史と日韓関係」、『富坂キリスト教センター紀要』第三号、公益財団法人基督教イースト・エイジャ・ミッション富坂キリスト教センター、二〇一三年三月。（二〇一二年五月四日、信濃町教会での講演会より）

第三章　「韓国現代史における一九七〇年代について―民主主義へと向かう陣痛の一〇年―」、同右第五号、二〇一五年三月。（二〇一四年一一月四日、ミシガン大学での国際シンポジウムより）

第四章　「戦後七〇周年の東アジアについて」、同右第六号、二〇一六年三月。（二〇一五年四月一七日、富坂キリスト教センターでの講演会より）

第五章　「ヨーロッパ共同体以降の北東アジアの状況をめぐって」、同右第七号、二〇一七年三月。（二〇一六年一〇月二一日、富坂キリスト教センターでの講演会より）

〈著者紹介〉

池明観（チ・ミョンクヮン）

1924年平安北道定州（現北朝鮮）生まれ。47年に米軍占領下の韓国に渡り、ソウル大学で宗教哲学を専攻。その後高校やソウル大学宗教学科等で教鞭をとるが、朴正熙軍事政権下で大学を追われ、月刊『思想界』主幹となる。72年に来日し74年より東京女子大学客員教授、その後同大学現代文化学部教授。この間月刊『世界』（岩波書店）に15年にわたって「T・K生」の名で韓国の軍事政権の実情を克明に報告・告発する。93年に民主化が達成された韓国に帰国し、翰林大学校日本学研究所長として勤務。98年より金大中政権下で韓日文化交流政策諮問委員長などを務め、韓日文化交流の礎を築く。現在は米国在住。
主要著作として、『T・K生の時代と「いま」東アジアの平和と共存への道』（一葉社、2004年）、『韓国と韓国人一哲学者の歴史文化ノートより』（アドニス書房、2004年）、『池明観自伝　境界線を超える旅』（岩波書店、2005年）、『韓国近現代史―1905年から現代まで』（明石書店、2010年）、『韓国文化史』（明石書店、2011年）など。

韓国史からみた日本史
— 北東アジア市民の連帯のために —

2017年4月16日　初版第1刷発行

著　者　池 明 観
発行者　松山　献
発行所　合同会社 かんよう出版
〒550-0002 大阪市西区江戸堀2-1-1 江戸堀センタービル9階
電話 06-6225-1117 FAX 06-6225-1118 http://kanyoushuppan.com
装　幀　堀木一男
印刷・製本　有限会社 オフィス泰

ISBN 978-4-906902-79-8　C0020　Printed in Japan